KB232800

상업스포츠 참가자의 소비행위:

스포츠경제사회학적 관점

상업스포츠 참가자의 소비행위:
스포츠경제사회학적 관점

김경식 著

머 리 말

　최근에 상업스포츠시설은 공공스포츠시설의 대안으로서, 일반 대중의 폭발적인 생활체육 참가 수요를 충족시켜 주고 있다. 생활체육 참가자 스스로가 적지 않은 운동비용을 지불하면서 그에 따른 일정한 대가나 보상을 추구하고 있는 현실에 비추어 볼 때 상업스포츠 참가자의 시설 등록요인, 특히 일련의 소비행위에 대한 분석과 논의는 스포츠산업과 생활체육 활성화 측면에서 매우 의미 있는 일이라 보여진다.

　그동안 스포츠과학 연구 영역에서는 상업스포츠시설 소비자의 재등록의사 또는 고객충성도의 관계에 대한 연구를 다각적으로 수행해 오고 있다. 그러나 이들 다수의 연구들은 합리성 이론에 기초를 두고 상업스포츠시설의 재등록의사나 고객충성도 등 소비자의 경제행위나 소비행위를 논하고 있어 스포츠 소비현상을 폭넓게 이해하는 데 한계를 지니고 있다. 사회 현실은 상업스포츠시설의 선택, 가입 그리고 재등록 또는 운동지속 등 일련의 소비행위 과정에 사회적 관계와 힘이 배태되어 있기 마련이다. 따라서 이러한 경제행위나 소비행위에 배태된 사회적 관계와 힘에 대한 논의가 경제사회학적 관점에서 보다 심층적으로 이루어져야 한다.

　상업스포츠시설은 지도자·직원과 운동 참가자 사이에 역동적인 상호작용이 전개되고 경제적 교환이 이루어지는 하나의 작은 사회이자 시장이라 할 수 있다. 상업스포츠시설에서 지도자·직원이 운동 참가자에게 일정 회비의 대가로 운동 관련 서비스를 제공한다면 지도자·직원은 서비스제공자로, 운동 참가자는 이를 이용하는 소비자로 규정할 수 있다. 상업스포츠시설 서비스제공자는 소비자와 직접 대면하여 운동 관련 서비스를 제공하기 때문에 조직의 핵심 주체라 할 수 있다. 이러한 서비스제공자의 행동이나 태도가 소비자의 신뢰 형성과 소비행위에 유의한 영향을 미칠 것이라는 사실에는 이견의 여지가 없을 것이다.

　그러나 지금까지 스포츠과학 연구 영역에서는 스포츠 소비행위를 사회적 배태성 또는 경제사회학적 관점에서 이해하려는 노력이 매우 미흡한 것이 사실이다. 이러한 관점에서 필자는 스포츠 소비행위에 대한 기존의 입장에서 탈피하여 경제사회학적 입장에서 조망해보고자 노력하였다.

그러나 이 교재는 여전히 보완해야 될 미흡한 점이 더러 있다. 그럼에도 불구하고 필자가 이 책을 발간하기로 결정한 이유는 스포츠 소비행위 또는 운동지속 현상을 이해하는 데 조금이나마 도움을 주고자 하였기 때문이다. 부족한 점은 지속적인 연구작업을 통하여 보다 완성된 내용으로 다시 찾아뵐 것을 약속드린다.

지금까지 많은 분들의 도움과 격려가 없었다면, 이 책은 완성되지 못했을 것이다. 먼저 부족한 저를 학문의 길로 인도하여 이끌어주신 임번장 교수님께 진심으로 깊은 감사를 드린다. 그리고 호서대학교 사회체육학과 최경범, 임완기, 성낙준 선생님과 체육학과, 경호학과, 골프학과 교수님들께도 감사의 마음을 전한다. 오늘의 결실이 있기까지 온 정성으로 뒷받침하여 준 아내 차정은, 아들 김고담과 함께 이 기쁨을 나누고자 한다. 그리고 이 책의 출판을 위해 노고를 아끼지 않으신 한국학술정보 사장님과 편집부 직원 여러분께 진심으로 감사의 뜻을 전한다.

2007년 초봄
아산에서 저자 씀

목 차

그림 목차

I. 서 론

1. 문제의 제기

그동안 우리나라의 체육은 업적주의와 경기력 향상을 목적으로 한 엘리트스포츠 중시 풍토로 말미암아 스포츠 참가의 기회와 여건이 모든 사람에게 균등하게 배분되지 못하였다. 뿐만 아니라, 과다한 노동시간과 경제적 빈곤으로 인해 대다수 국민은 스포츠 참가 기회를 상대적으로 박탈당해 왔다. 더욱이 체육공간의 부족, 프로스포츠의 등장 그리고 상업주의의 확산 등으로 일부 선수나 부유층에 한하여 체육을 향유할 기회가 주어져 왔을 뿐, 대부분의 국민은 관람스포츠에 만족하는 불균형적 스포츠구조를 보여 왔다.

'88 서울올림픽 이후 경제발전과 삶의 질 향상, 생활기회의 확대, 사회구조의 다원화와 대중사회화 그리고 국제화는 일반 대중의 체육에 대한 관심과 욕구를 한층 증대시켜 스포츠의 대중화를 위한 기본 토대를 마련해 주었다. 스포츠 대중화는 스포츠와 경제의 관계를 강화시키면서 상업스포츠 시장을 확대·발전시키는 요인으로 작용하고 있다(임번장, 2002a).

문화관광부(2001)의 전국 체육시설 현황에 따르면 이윤을 추구하는 상업스포츠시설, 즉 등록스포츠시설과 신고스포츠시설은 각각 390개소와 43,959개소로 나타났다. 이 같은 상업스포츠시설은 공공스포츠시설의 5,677개소에 비해 약 8배 정도에 이르는 수치이다. 이는 '88 서울올림픽 이후 생활체육에 대한 국민의 폭발적인 요구와 더불어 민간 주도의 생활체육정책에 편승하여 상업스포츠시설이 급증하고 있는 데서 나타난 사회 현상이라 할 수 있다. 이에 스포츠사회학 연구 영역에서는 생활체육 참가수요와 상업스포츠시설 급증 등과 같은 사회 현상을 경제적 시각(나순복, 2002: 오일영·김우성, 1999: 이상행, 1999)이나 문화적 관점(윤이중·박영표·서희진, 2002), 그리고 경영관리적 측면(박진경, 2002: 김범식·최병호, 2002: 김양종, 1998: 김종환·이홍구, 1998)에서 분석하고자 하는 시도가 지속적으로 진행되어 오고 있다. 그러나 정작 생활체육활동 주체인 참가자에 대한 관심과 논의는 상대적으로 매우 부족한 실정이라 할 수 있다(김양종, 2002: 289-290).

상업스포츠시설이 공공스포츠시설의 대안으로서, 일반 대중의 폭발적인 생활체육 참가 수요를 충족시켜 주고, 참가자 스스로가 적지 않은 운동비용을 지불하면서 그에 따른 일정한 대가나 보상을 추구하고 있는 현실에 비추어 볼 때 상업스포츠 참가자의 시설 등록요인, 특히 소비행위 결정요인에 대한 분석과 논의는 생활체육 활성화 측면에서 매우 의미 있는 일이라 보여진다.

그동안 스포츠사회학 연구 영역에서는 스포츠 참가를 사회 학습 이론적 관점에서 분석해 왔으며, 생활체육 참가에 영향을 미치는 요인으로 개인적 특성, 사회화 주관자 그리고 사회화 상황 등의 변수를 보고하여 왔다(김홍설, 1992: 양재근, 1992: 박문환, 1996). 개인적 특성은 성, 연령, 출생서열, 사회경제적 지위 등과 같은 변수로서, 스포츠 참가에 영향을 미친다. 중요타자(significant others)는 가족, 동료, 코치, 교사 등으로 이들의 태도, 가치관 및 행동이 개인의 태도, 가치관 및 행동을 형성하는 데 중요한 역할을 담당한다. 또한 사회화 상황은 스포츠 참가집단의 구조, 개인의 지위, 참가의 자발성과 사회화 관계의 본질성 등으로 스포츠 역할 학습에 의미 있는 영향을 미친다(Kenyon & McPherson, 1974: 임번장, 2002b).

이처럼 스포츠 참가에 영향을 미치는 요인은 경험적으로 다수 입증되어 왔지만, 스포츠 소비행위 결정요인에 관한 연구는 상대적으로 매우 빈약한 실정이라 할 수 있다. 이는 아마도 스포츠 참가 영향요인과 스포츠 소비행위 결정요인을 명확히 구분하지 못한 데서 비롯된 결과라 할 수 있다. 스포츠 참가 영향요인만으로는 상업스포츠 소비행위 현상을 설명하는 데에 많은 한계를 지니고 있다. 왜냐하면 개인적 특성이나 스포츠사회화 주관자의 특성은 생활체육 참가자의 상업스포츠시설 가입 초기에 영향을 주지만, 그 다음 단계에서는 주로 상업스포츠 구성요인, 즉 시설·프로그램·지도자 등의 여러 요인이 소비행위에 상대적으로 크게 영향을 미치기 때문이다.

 스포츠경영학 연구 영역에서는 스포츠 소비행위와 관련하여 재구매의도 또는 고객충성도에 초점을 두고 다수의 연구를 진행하여 왔다(Choi, 1994; 김상국·임태식, 1999; 오윤환·장철원·오기현, 1998). 스포츠 소비행위와 재구매의도 변수는 스포츠사회학과 스포츠경영학 연구 영역에서 유사한 의미로 사용되고 있으나, 이들 양 연구 영역에서는 상이한 이론적 관점이나 학술적 성격으로 인하여 현격한 차이를 드러내고 있다. 즉, 스포츠사회학 연구 영역에서는 스포츠 소비행위를 하나의 사회 현상으로 간주하고 생활체육 활성화를 위한 제반 사회·문화적 여건과 환경을 규명하는 데 연구의 초점을 두고 있는 반면, 스포츠경영학 연구 영역에서는 효율적인 경영을 통한 이윤추구의 극대화라는 측면에서 재구매의도를 다루고 있다.

 실제로 스포츠경영학 연구 영역에서 이루어진 대부분의 연구들은 서비스질과 재구매의도의 관계에 있어서 재구매의도의 설명변수(explaining variable)로서 서비스질 변수만을 고려하고 있다. 물론 재구매의도라는 피설명변수(explained variable)를 최소한의 변수로 매우 높은 설명력을 보인다면 문제의 소지는 그다지 크지 않을 것이다. 그러나 현실적으로는 상업스포츠 참가자의 다양한 사회심리적 요인 등이 재구매의도에 복합적으로 영향을 미치고 있다는 현실에 주목할 필요가 있다.

 사회 현실은 상업스포츠시설의 선택, 가입, 그리고 소비행위 등 일련의 소비행동 과정에 사회적 상호작용의 힘과 사회적 관계 등이 배태(embedded)되어 있기 마련이다. 따라서 이러한 소비행위에 배태된 사회적 상호작용의 힘과 소비행위에 대한 논의가 보다 심층적으로 이루어져야 한다.

 상업스포츠 참가자는 지도자나 직원과의 상호작용 과정에서 그들의 행동 및 태도에 따라 자신들의 감정을 다양한 형태와 방식으로 표출하는 특성을 지니고 있다. 이러한 특성은 상업스포츠에서 제공하는 서비스질의 효과를 배가시키거나 상쇄시켜 만족의 증감에 큰 영향을 미치게 된다. 상업스포츠시설의 지도자·직원과 참가자 간의 상호작용은 서비스질의 단순한 영향력 차원을 넘어서서 만족과 소비행위에 직·간접적인 영향을 미친다

(김경식, 2002: 403).

　상업스포츠 참가자와 지도자·직원 간의 상호작용 유지·증진은 미래의 지속적인 상호작용, 즉 소비행위라는 상징성을 함축하고 있다. 사회과학 분야에서는 본 연구와 관련하여 몇 가지 고무적인 결과를 보고해 오고 있다. Granovetter(1985)는 상업스포츠 참가지속행위와 같은 인간의 소비행위는 합리적이고 원자화된 개인의 이익추구 과정으로만 설명될 수 없으며, 행위는 항상 현재 개인이 맺고 있는 사회적 관계, 즉 생활체육 지도자나 직원과 참가자 간의 상호작용에 배태되어 있다고 주장함으로써 본 연구의 가정을 뒷받침 해주고 있다. 또한 Crosby와 Kenneth 그리고 Deborah(1990)는 서비스 산업에서 서비스제공자와 소비자 간의 상호작용이 지속적인 소비에 중요한 영향을 미친다고 보고한 바 있다.

　이남미·이근모(2001)는 인적 요인이 참가자의 만족에 매우 크게 영향을 미친다고 보고하였다. 이들은 골프장 서비스종업원의 고객지향적 행위가 고객만족과 관계지속성에 미치는 영향에 관한 연구에서 종업원의 행위가 골프 참가자의 만족에 의미 있는 영향을 주고, 이것이 관계를 지속시키는 결정요인으로 작용한다고 주장하였다.

　이들 선행연구들은 상업스포츠 소비행위와 같은 인간의 사회적 행위나 소비행위가 자신의 이윤추구 극대화를 위한 합리적 행위(rational behavior)에 뿌리를 두고 있다는 기존의 이론 및 연구결과를 반박하고 있다. 다시 말해, 상업스포츠시설이나 프로그램 등이 아무리 훌륭하다 하더라도, 이것이 상업스포츠 소비행위를 결정지을 수 없음을 입증해 주는 것이다. 오늘날 모든 경영환경이 공급자 중심에서 수요자 중심으로 변화하고 있는데(강준호, 1997: 4-14), 이는 고객 중심의 원칙에 입각한 사회적 관계, 즉 서비스제공자인 지도자·직원과 소비자인 참가자 간의 관계 지속행위가 지속적인 소비를 결정 짓는 매우 의미 있는 변수임을 드러내 주는 것이다.

　한편, 조만태·오주훈(2000)은 스포츠 참가만족도가 스포츠센터회원 지속 여부 결정에 미치는 영향에 관한 연구에서 참가자의 만족이 소비행위에 영향을 미친다고 주장함으로써 참가자의 만족과 소비행위의 관련성을 강조하였다.

 상업스포츠 참가자는 운동 과정에서 지도자·직원과의 상호작용을 통하여 시설이용이나 사회관계 만족을 경험하게 된다. 즉 참가자의 만족은 지도자·직원과의 긍정적 상호작용과 공정한 사회적 교환의 상태에서 최상이 될 수 있다. 공정한 교환의 결과는 지도자·직원인 서비스제공자와 소비자인 참가자 모두에게 확신을 갖게 하여 상호관계에서 양쪽 모두 상대방의 번영에 관심을 갖게 한다(Ganesan, 1994: 1-19).

 반면에, 소비자, 즉 참가자가 불공정한 관계에 있음을 주지하면, 불만족하게 되고, 이러한 불만족은 지도자·직원과 상업스포츠조직을 불신하게 되는 부정적 결과를 초래하게 된다. 지도자·직원이나 상업스포츠조직에 대한 신뢰는 서비스제공자와 소비자 간의 사회적 관계에서 발생되는 갈등을 해소하거나 만족스런 결과를 가져다주는 경우에 형성된다(Tax, 1998: 60-76).

 Ganesan(1994)은 소비자의 기대를 충족시켜 줄 경우 시간이 경과함에 따라 만족하게 되고, 이로 인해 기업에 대한 신뢰성이 강화되어, 이것이 결국 지속적인 관계 유지에 기여하게 된다고 하였다. 이는 상업스포츠 참가자와 지도자·직원 간의 상호작용에 의해 형성된 참가자의 만족이 지도자·직원이나 상업스포츠조직의 신뢰를 돈독케 하여 사회적 관계가 지속될 수 있음을 시사하여 주고 있다.

 신뢰란 어느 특정 상황에서 한 행위자가 자신의 기대 또는 이해에 맞도록 행동할 것이라는 주관적 기대이다(Gambetta, 1988). 신뢰는 반드시 사회적 관계를 전제로 하며 그 관계 속에서 존재한다. 상호 신뢰하지 못하는 사람들 간의 사회적 관계는 일회적이고 기회주의적일 가능성이 매우 높기 때문에 사회적 자본이 형성될 가능성은 극히 희박하다(이재열, 1998; 박찬웅, 1998). 이러한 사실에 비추어 볼 때 상업스포츠 참가자와 지도자·직원 간의 사회적 상호작용을 통해 형성된 사회자본으로서의 신뢰는 지속적인 사회적 관계를 존속시켜 소비행위를 촉진시키는 최적의 수단이 될 수 있다.

 Granovetter(1992)는 신뢰를 크게 미시적·거시적으로 접근하고 있다.

미시적인 접근에 의하면 개인이 남을 신뢰하는 까닭은 신뢰하는 것이 개인의 이익을 위해 도움이 되기 때문이라는 것이다. 반면에 거시적인 접근에 의하면 개인이 남을 신뢰하는 이유는 신뢰가 사회규범이나 제도로 형성되어 있고 이러한 규범이나 제도가 사회화를 통하여 개인에게 내재되어 있기 때문이라는 것이다. 이러한 설명은 신뢰가 발생하는 사회적 과정이나 기제를 제시하지 못하고 있다는 점에서 그 한계를 지니고 있다. 이에 대한 대안으로는 신뢰를 하나의 사회학적 연속변수로서 이해하는 접근이 필요하다. 신뢰에 대한 사회학적 접근은 신뢰가 형성되는 사회적 맥락이나 사회적 관계를 분석하고 그 특성이 그 사회적 관계에 참여하는 참가자와 지도자·직원 간의 신뢰에 어떤 영향을 미치며, 신뢰의 결과로서 나타나는 사회적 실체(reality)를 분석하는 것이다.

신뢰는 그것이 형성되는 사회적 관계의 특성에 따라 이자적 신뢰와 구조적 신뢰로 나눌 수 있다. 여기서 이자적 신뢰는 참가자와 지도자·직원 간의 직접적인 접촉과 상호작용이 반복되면서 나타나는 것이다. 다시 말해, 반복적으로 특정인과 상호작용 하여 서로의 가치·신념 등을 공유함으로써 형성되는 신뢰이다. 반면에 구조적 신뢰는 제3자인 다른 참가자를 통해 지도자·직원을 신뢰하는 것이다(Zucker, 1986: 53-111).

이와 같은 연구결과에 비추어 볼 때 상업스포츠 참가자와 지도자·직원 간의 사회적 상호작용이 긍정적이고 활발하게 이루어지면 그 결과로서 나타나는 상업스포츠 참가자의 만족과 사회자본으로서의 신뢰는 소비행위를 강화시키는 것으로 가정할 수 있다.

한편, 대표적인 상업스포츠시설로는 스포츠센터를 들 수 있다. 스포츠센터는 스포츠의 대중화 및 보편화 현상에 중요한 역할을 담당하는 핵심 주체라 할 수 있다. 다시 말해, 스포츠센터는 그 성격상 상업성을 내포하고 있다는 점에서 제한적인 스포츠활동 참가 기회를 제공하지만, 체계적·과학적 운동프로그램의 제공, 전문가의 지도 그리고 다양한 체육시설 구비 등을 통해 생활체육 활성화에 주도적인 역할을 담당하고 있다.

스포츠센터와 같은 상업스포츠조직은 영리추구의 극대화를 위해 회원의 중도탈락을 방지하고 보다 많은 회원을 확보·유치하는 데 많은 관심과 노력을 기울인다. 상업스포츠 참가자의 중도탈락은 상업스포츠조직 경영의 심각한 문제를 초래할 뿐만 아니라, 생활체육 활성화에도 부정적인 영향을 미치는 요인으로 작용한다. 결국, 생활체육 활성화를 위해서는 상업스포츠 참가자의 중도탈락이나 소비행위를 결정짓는 요인을 분석·규명하여 생활체육정책에 이를 반영·개선시키는 노력이 필요하다.

근래에 스포츠사회학 연구 영역에서는 스포츠의 탈사회화와 관련된 특정 문제 및 논의에 관심을 보이고 있긴 하지만, 이들 대부분의 연구는 조직적 스포츠 참가자의 은퇴 및 중도탈락 등의 주제에 국한되어 있는 실정이다. 즉 생활체육동호인조직이나 상업스포츠 참가자의 운동 소비행위에 관한 연구는 주변적 주제로 다루어져 온 것이 사실이다.

따라서 본 연구는 상업스포츠 참가자를 대상으로 소비행위 결정요인을 규명함으로써 상업스포츠 참가자의 소비행동과 관련된 부족한 선행연구의 결과를 보완하여 체육학의 지식체 형성에 기여함은 물론, 상업스포츠 활성화 및 생활체육 참가율 제고에 필요한 정책자료를 제시하는 데 그 필요성이 있다고 하겠다.

2. 연구의 목적

스포츠센터는 물품을 제조·판매하는 사업과 달리 지도자나 직원이 참가자를 대상으로 하여 운동을 지도하고 시설이용의 편의를 제공하는 과정에서 역동적인 사회적 상호작용이 발생하는 대표적인 상업스포츠시설이라 할 수 있다. 스포츠센터에서는 참가자의 중도탈락이나 운동지속 등과 같은 사회 현상이 끊임없이 일어난다. 그렇다면 상업스포츠 참가자가 중도에 운동을 포기하거나 지속적으로 등록하여 운동을 행하는 사회 현상은 과연 어떻게 일어나고 있는 것일까?

이러한 의문을 던지는 배경에는 상업스포츠 참가자들이 단지 개인적인 사정으로 운동을 중도에 포기하거나 건강·체력 증진을 위해 상업스포츠 소비행위가 이루어지고 있다는 설명만으로 도저히 이해될 수 없는 어떤 무언가의 사회적 힘(social power)을 이 같은 사회 현상 속에서 감지할 수 있었기 때문이다. 물론 상업스포츠 중도포기 및 소비행위 현상이 나타난 원인은 사회인구학적 특성이나 서비스질 등과 같은 시설환경적 요인에서 찾아 볼 수 있다. 그러나 이보다 더 큰 동인은 상업스포츠 참가자와 지도자·직원 간의 사회적 상호작용에 의한 사회적 관계에 배태(embeded)되어 있다. 이처럼 상업스포츠 중도포기 및 소비행위 현상이 다른 어떤 사회적 의미를 내포하고 있다면 이에 대한 규명과 논의가 학문적·생활체육 활성화 측면에서 마땅히 이루어져 한다.

이에 본 연구는 사회적 상호작용과 만족, 사회자본으로서의 신뢰 그리고 소비행위 등에 관련된 선행연구를 기초로 하여 상업스포츠 소비행위의 사회적 결정요인 모형을 설정한 다음 이를 규명하고자 한다. 보다 구체적으로 본 연구는 상업스포츠 참가자의 사회인구학적 특성에 따른 사회적 상호작용, 사회관계 만족, 신뢰 그리고 소비행위의 차이를 비교·분석한 다음, 사회적 상호작용이 사회관계 만족 및 신뢰에 미치는 영향, 만족이 신뢰에 미치는 영향과 신뢰가 소비행위에 미치는 영향을 규명하고, 나아가 모형의 적합도를 검증하는 것이 주된 목적이다.

이와 같은 연구목적을 달성하기 위하여 본 연구에서는 다음과 같은 연구문제를 설정하고자 한다.

첫째, 사회인구학적 특성에 따라 사회적 상호작용, 사회관계 만족, 사회자본으로서의 신뢰 그리고 소비행위는 차이가 있는가?

둘째, 사회적 상호작용은 사회관계 만족에 영향을 미치는가?

셋째, 사회적 상호작용은 사회자본으로서의 신뢰에 영향을 미치는가?

넷째, 사회관계 만족은 사회자본으로서의 신뢰에 영향을 미치는가?

다섯째, 사회관계 만족은 소비행위에 영향을 미치는가?

여섯째, 사회적 상호작용, 사회관계 만족, 사회자본으로서의 신뢰 그리고 소비행위 간에는 인과관계가 있는가?

3. 기대효과 및 활용방안

본 연구는 다음과 같은 측면에서 기대효과 및 활용방안이 기대된다.

첫째, 학문적 측면에서 지금까지 상대적으로 간과되어온 상업스포츠 참가자의 사회적 상호작용과 사회관계 만족, 사회자본으로서의 신뢰, 소비행위 관련 변수 등의 관계를 밝힘으로써 상업스포츠 소비행위의 사회적 결정요인에 대한 이론적 기초를 제공할 뿐만 아니라, 관련 학문 분야에서의 경험적 연구의 축적과 지속적인 연구의 활성화에 기여할 것이다.

둘째, 생활체육정책 측면에서 상업스포츠의 가치 및 역할에 대한 경험적이고 유용한 자료를 확보함으로써 국민의 생활체육활동을 진작시킬 수 있는 체육정책 입안 및 수립과정에 필요한 기초자료로 활용할 수 있을 것이다.

셋째, 현장 적용성 측면에서 본 연구의 결과는 상업스포츠조직 경영자의 입장에서 볼 때 지속적인 생존과 성장 및 발전을 도모하고, 참가자의 입장에서 볼 때 자신의 필요 및 요구를 충족시킬 수 있는 자료를 제공하여 상업스포츠 활성화에 기여할 것이다.

4. 연구의 한계 및 제한점

본 연구는 배경변수, 연구대상, 측정도구, 인과관계 설정 등에서 나타나는 문제로 인하여 다음과 같은 한계 및 문제점을 지닌다.

첫째, 본 연구는 조사대상을 서울 소재 상업스포츠센터 회원으로 제한하였다. 특히 본 연구는 상업스포츠시설 참가자를 대상으로 연구하였기 때문에 공공스포츠시설 참가자에게 적용하고 일반화시키는 데 한계를 지닌다.

둘째, 본 연구는 사회적 상호작용과 사회관계 만족, 사회자본으로서의 신뢰 그리고 소비행위 변수가 상업스포츠 소비행위의 사회적 결정요인 구조모형을 완벽하게 설명한다고 단언할 수 없다. 다시 말해, 참가동기, 태도 등의 심리학적 변수가 상업스포츠와 생활체육 참가자의 소비행위에 영향을 미칠 수 있다.

5. 용어의 정의

상업스포츠 참가지속 결정요인을 분석하기 위하여 이 연구에서 사용한 주요 개념 및 용어의 조작적 정의는 다음과 같다.

1) 상업스포츠 참가자

상업스포츠 참가자란 운동을 행하기 위하여 상업스포츠센터에 일정의 대가(회비)를 지불하고 시설 사용 권한을 획득한 생활체육 참가자를 의미한다. 즉, 상업스포츠센터에 입회하여 운동을 행하고 있는 소비자를 말한다.

2) 사회적 상호작용

사회적 상호작용은 생활체육 지도자·직원과 참가자가 서로 대면·접촉하여 서로의 행동에 영향을 미치는 사회적 행위이다. 본 연구는 사회적 행위로서의 상호작용을 친밀도·접촉강도·개방성·협력정도로 규정한다. 친밀도는 상대에게 느끼는 주관적 감정의 거리를 말한다. 즉 친밀도란 참가자가 관여하고 있는 지도자나 직원 등과의 감정적 유대 정도를 의미한다. 접촉강도는 상업스포츠시설에서 참가자가 지도자·직원 등을 직접 대면하여 대화하는 빈도를 의미한다. 개방성은 지도자나 직원 등이 참가자와 허심탄회하게 대화하는 깊이 정도를 의미한다. 협력정도는 사회적 상호작용을 통하여 운동용품을 빌려주거나 운동 관련 정보를 제공하며, 운동하면서 발생되는 정신적 어려움을 위안 받는 등의 물질적·정보적·정서적 지원을 의미한다.

3) 사회관계 만족

사회관계 만족은 상업스포츠 참가자가 상업스포츠시설에 입회하여 운동을 행하는 과정에서 지도자·직원·타 참가자와의 상호작용 과정 속에서 느끼는 대인관계에 대한 전반적인 인적 만족 정도를 의미한다. 본 연구에서는 사회관계 만족을 지도자만족·직원만족·회원과의 친교만족으로 규정한다.

4) 사회자본

사회자본은 경제자본·인적자본·문화자본과 달리 지도자·직원·참가자 개개인이 아닌 이들간의 사회적 관계 속에서 파생되는 자본이라 할 수 있다. 현재 중요한 요소로 인식되고 있는 사회자본의 개념은 규범(norm), 일반적 호혜성(generalized reciprocity), 그리고 연결망(network), 신뢰(trust)라 할 수 있는데, 이들 가운데 가장 대표적 개념은 단연 신뢰라 할 수 있다. 본 연구에서는 사회자본의 개념을 지도자·직원·참가자 사이에 형성되는 신뢰로 규정한다.

5) 사회자본으로서의 신뢰

신뢰는 상업스포츠 지도자·직원이 참가자 자신의 필요 및 요구나 이해에 맞도록 행동할 것이라는 주관적 기대이다. 신뢰는 상업스포츠 참가자와 지도자·직원·타 참가자 간의 사회적 관계를 전제로 하며 그 관계 속에서 존재하고, 지속적으로 상호 협력을 가능케 하는 전형적인 사회적 자본이다. 본 연구에서는 사회자본으로서의 신뢰를 평판신뢰·조직신뢰·일반신뢰로 규정한다.

6) 소비행위

소비행위는 상업스포츠시설에 입회하여 운동을 중도에 포기하지 않고 지속할 의지와 가능성을 의미한다. 소비행위는 스포츠경제사회학적 측면에서 볼 때 상업스포츠 참가자, 지도자·직원 간의 상호작용과 만족 및 신뢰에 의해 나타나는 사회관계 지속행위이다.

Ⅱ. 이론적 배경

1. 상업스포츠 소비행위의 사회적 결정요인

체육학 연구 영역에서 상업스포츠 소비행위의 사회적 결정요인에 관한 연구는 매우 부족한 실정이라 할 수 있다. 본 장에서는 스포츠사회학, 경제학, 사회학 연구 영역에서 개별적으로 진행된 연구결과를 중심으로 사회인구학적 특성, 사회적 상호작용, 사회자본으로서의 신뢰 그리고 소비행위에 대해 살펴보고자 한다.

1) 사회인구학적 특성

(1) 사회경제적 특성

개인은 정치, 경제, 교육, 종교 등 사회 체계와 제도에 끊임없이 영향을 주고받으며, 사회적으로 자신의 역할 및 행동의 범주, 가치관 등을 확립한다. 사회계층, 교육수준, 소득수준과 같은 사회경제적 요인은 특정 사회에서 희소가치를 불평등하게 배분하는 기준인데 동일한 범주에 속해 있는 사람은 서로 유사한 가치지향 및 사회적 성향을 공유하는 특성을 보인다.

상업스포츠 참가 역시 이 과정에서 예외가 아니기 때문에 참가자의 활동 종목이나 프로그램 선택, 참가집단 내에서의 사회적 상호작용, 사회관계 만족 그리고 소비행위 여부 등은 사회계층, 교육수준, 소득수준 등과 같은 사회경제적 특성과 밀접한 관계를 지닌다.

① 사회계층

사회성원은 사회집단에서 각기 일정한 지위를 점유하고 이에 부수된 역할을 수행하며 살아간다. 사회성원의 여러 지위와 역할은 사회의 특정 가치기준에 따라 각각 상이하게 평가되고 이에 의하여 위계적 서열구조를 형성한다. 즉, 전체 사회는 사회성원이 향유하는 가치의 다과나 대소의 서열에 따라 몇 개의 층으로 범주화하거나 혹은 구획화할 수 있는데 이를 사회계층이라고 한다(임번장, 2002b).

일반적으로 사람은 자신의 사회적 배경, 학연, 지연, 성, 연령에 의하여 상이하게 평가되고 불평등한 대우를 받는다. 사회적으로 우수한 사람일수록 수입, 재산 그리고 권력에서 보다 높은 지위를 차지하고, 희소가치가 있는 물질적·정신적 혜택을 누릴 수 있다. 아울러 사회계층은 교육과 직업에 대한 접근 및 결혼 상대자의 선택과 같은 비교적 중요한 문제에서부터 상업스포츠 참가와 같은 신체적·정신적 건강과 관련된 삶의 기회에 이르는 일상사에 이르기까지 직·간접적으로 많은 영향을 미친다.

스포츠활동 참가는 사회계층과 밀접한 관련이 있다. 미국의 경우 상류계층이 매우 높은 스포츠활동 참가율이나 스포츠경기 관람률을 보이고 있다. 건강을 위한 신체 단련도 평균 이상의 수입, 교육수준, 직업적 지위를 지닌 사람이 주로 실행하는 것으로 나타났다. 하류계층의 사람은 육체노동에 많이 종사함에도 불구하고, 고소득자에 비하여 생활체육활동 참가율이 저조하였다. 또한 점심식사 시간이나 퇴근 후, 주말 혹은 휴가 시에도 조직적인 스포츠 참가를 거의 하지 않는 것으로 나타났다. 이러한 행동유형은 개인의 생애주기 전반에 걸쳐 나타나는 현상으로 보고되고 있다(Coakley, 1998).

McIntosh(1979)는 계층에 따른 스포츠 참가 정도에 관한 연구결과에서 중산층 이상의 학생들이 대교 경기에 보다 많이 참가하는 경향이 있는 것으로 보고하고 있다. 예외적으로 하류계층의 청소년이 학교에서 축구경기에 참가하는 경우가 있으나, 사회계층이 낮은 청소년은 교내 스포츠 프로그램에 더 적게 참가하는 경향이 있다.

우리나라에서도 생활체육 참가에 있어서 계층별로 많은 차이를 보이고 있는데 〈표 Ⅱ-1〉를 살펴보면, 상류계층에 속하는 사람(31.0%)이 중류계층(21.5%)이나 하류계층에 속하는 사람(19.1%)보다 생활체육 참가율이 높게 나타나고 있다(구창모, 1985).

〈표 Ⅱ-1〉 사회계층에 따른 스포츠 선호도

참가스포츠	사회계층			계
	상류층	중류층	하류층	
관 람	69.0	78.5	80.9	75.9
참 여	31.0	21.5	19.1	24.1
계	100 (n=301)	100 (n=300)	100 (n=263)	100 (n=864)

* 출처: 구창모(1985). 사회계층에 따른 스포츠 선호도에 관한 연구. 석사학위논문. 서울대학교.

선호 스포츠 종목에서도 사회계층에 따라 많은 차이를 보이고 있다. 상류계층은 아이스하키·골프·테니스, 중류계층은 풋볼·야구·볼링·사냥, 하류계층은 격투기 스포츠, 즉 권투나 레슬링과 같은 종목을 선호하고 있음이 Stone(1957)에 의해 보고되었다. 그러나 이러한 선호 현상은 시간이 경과함에 따라 변화해서, 10년 후 야구는 비록 모든 계층이 선호했지만, 특히 하류계층에서 더 많이 선호하는 것으로 보고되었다(Stone, 1957: 5-16). 우리나라의 경우 상류계층은 스키·골프 등과 같은 경제적 여유를 필요로 하는 개인 스포츠에 높은 참가율을 보이고 있는 반면, 하류계층은 축구·야구·복싱·씨름 등과 같이 단체 스포츠 및 투기 스포츠의 참가율이 높은 것으로 나타났다(구창모, 1985).

이처럼 사회계층은 스포츠 참가 자체나 참가종목 및 선호종목에도 영향을 주지만, 일단 스포츠 참가가 이루어진 다음에도 소비행위 여부를 결정짓는 중요한 변수로 작용한다. 예컨대 사회계층이 높은 사람은 삶의 여유가 있어 생활체육활동에도 지속적으로 참가할 수 있는 반면, 하류층은 생계와 관련된 활동에 종사해야 하므로 상대적으로 여가시간이 적어 생활체육에 지속적으로 참가하기가 어렵다고 볼 수 있다.

② 교육수준

교육수준과 여가 또는 생활체육 참가 간의 관계를 주제로 한 연구는 비교적 꾸준히 수행되어 왔다. Gurin(1960)은 야외 여가활동 참가유형에 관한 연구와 야외 여가활동 재원에 관한 연구에서 직업이 상이한 집단이라도 교육수준이 유사하면 여가나 생활체육 참가율이 비슷한 것으로 보고하고 있다.

Neulinger(1974)는 개인의 교육수준이 직업이나 여가활동의 특성을 결정한다고 하였다. 산업사회에서 교육 정도는 지위나 역할을 결정하는 주 요인이 되며 이러한 교육적 배경은 개인의 여가유형을 좌우한다. 따라서 교육수준이 높은 사람은 여가나 생활체육활동에 참가할 잠재성을 보다 많이 지니고 있다.

Wippler(1968)는 여가행동과 관련된 사회경제적 지위 변수를 분석한 결과 교육수준이 여가행동에 가장 중요한 결정요인이라는 사실을 발견하였다. 위의 내용을 종합해 보면, 교육수준은 개인의 여가행동이나 생활체육참가에 영향을 미치는 매우 중요한 요인이라 할 수 있다. 또한 교육수준이 높은 사람일수록 여가선용과 자아발전을 위해 생활체육활동에 지속적으로 참가할 가능성이 높다.

③ 소득수준

소득수준은 생활체육 참가를 결정하는 데 있어 매우 중요한 변수이다. 그러나 소득은 일반적으로 여가참가를 저해하는 중요한 속박요인이거나 여가활동 선택에 있어 충분조건이라기보다는 필요조건으로 인식되고 있다.

현대 자본주의사회에서 여가나 스포츠 참가비용은 사용자 부담이 원칙이기 때문에 경비는 참가에 중요한 영향을 미친다. 이와 같이 생활체육 참가에 있어 참가자에게 경제적인 부담을 주는 참가비용은 여가에 대한 태도나 생활체육 활동 참가율에 영향을 미치는 요인으로 작용하기 때문에 일반적으로 고소득층은 저소득층에 비하여 상대적으로 여가 및 생활체육 활동 참가비율이 높다.

수입이 생활체육 소비행위에 미치는 영향은 강신복(1997)의 국민생활체육참여실태조사를 통해서도 잘 드러나고 있다. 규칙적인 체육활동 참여율

(주 2-3회 이상)을 항목에 따라 연도별로 비교한 결과는 〈표 Ⅱ-2〉와 같다.

〈표 Ⅱ-2〉 연도별 수입에 따른 참가율 비교

연 도 〳 항 목	49 만 원 이하	50-99 만 원	100-149 만 원	150-199 만 원	200-249 만 원	250 만 원 이상
1994	22.8	34.1	37.5	38.8	43.0	42.2
1997	24.2		35.2	38.6	45.1	43.5
2000	32.5	30.8	32.2	29.4	37.7	33.9

*출처: 강신복 외(2000). 국민생활체육참여실태조사. 문화관광부. 74.

가구소득이 높을수록 참여율이 증가하였던 94년, 97년과는 다르게 2000년 조사에서는 가계소득에 따른 참여율이 큰 차이를 나타내지 않았다. 이러한 결과 역시 경제적 여건의 악화로 인하여 정신적 여유가 부족해진 현상으로 보여진다.

(2) 인구통계학적 특성

인구통계학적 특성은 개인의 사회적 지위나 역할에 대한 범주를 의미하는데 이를 사회인구학적 요인 혹은 사회적 배경요인이라고도 한다. 이 요인은 사회에서 개인에게 주어진 역할과 연계된 일련의 규범적 기대라는 의미에서 생활체육 참가를 결정하는 매우 중요한 요인으로 평가된다. 생리적 요인 및 사회 심리적 요인과 사회경제적 요인 및 인구통계학적 요인의 차이는 전자가 개인적인 차원에서의 참가요인이라면, 후자는 사회적 차원에서 참가에 영향을 미치는 요인이라는 점이다.

① 성

여가나 생활체육 활동 참가와 관련하여 성(gender)은 남성과 여성의 참가행동 유형을 변별해 주는 주요 요인이다. 연령과 마찬가지로 성적 동질성도 하나의 생물학적 구성요소이기는 하나 사회 내에서 성의 실체는 생물학적 존재보다는 단지 사회적 구성요소로서의 의미를 갖게 된다. 즉, 하나의 사회집단 내에서 모든 구성원은 일정한 성적 동질성을 갖는다.

대부분의 사회에서 남녀간의 성 역할에는 매우 상이한 차이가 나타난다. 일반적으로 남성은 높은 지위를 추구하며 일에 있어서 보다 많은 보수를 지급받는 직업을 선호하는 데 비하여 여성은 보다 가정 중심적이다. 이는 남녀 양성이 선호하는 직업 유형의 차이를 설명하는 근거가 되며, 결과적으로 자신에게 주어진 자유재량의 시간을 활용함에 있어서도 상이하다는 면모를 보여 준다. 따라서 남성과 여성의 사회적 역할 차이는 여가의 의미나 기능 및 생활체육 참가유형에도 영향을 미친다.

Smith와 Theberge(1987)는 과거 20년간 수행된 다양한 전국 표본 연구조사를 개관하면서 성별에 따른 여가와 스포츠활동 참가에 대한 연구에서 일관되게 다음과 같은 결론이 도출된다고 보고하였다. 첫째, 남성의 생활체육 참가는 시간과 비율에서 여성보다 높으며, 특히 상대적으로 많은 체력을 요하는 종목에서 남녀 차이가 크게 나타난다. 둘째, 여성은 남성보다 덜 활동적이고 덜 경쟁적이며 위험부담이 적은 레크리에이션적 활동에 주로 참가하고 있다.

문화체육부에서 여가활동 유형을 조사한 결과, 운동 및 체육활동으로 여가시간을 활용하고 있는 비율이 남성 21.5%, 여성 5.2%로 생활체육 활동에 있어서 남성이 여성에 비하여 활발한 참가비율을 나타냈다(강신복 외, 1997). 반면, 독서라고 응답한 비율은 남성 9.7%, 여성 17.4%였다. 이는 남성이 여성보다 생활체육 활동에 많이 참가하고 있으며, 상대적으로 여성은 여가시간 활용에 있어서 비활동적인 성향을 보이고 있음을 간접적으로 나타내고 있다.

한편, 성을 단일 변수로 파악하지 않고, 성과 생활주기나 사회계층을 연관지어 생활체육참가를 분석한 연구도 있다. Angrist(1967)는 취업 여성의 여가 참가 유무와 여가활동 참가 형태가 결혼여부나 자녀의 연령 등과 같은 사회관계로부터 영향을 받으며, 개인적 요소보다 생애주기(life cycle)와 관련된 역할에 의하여 영향을 받는다고 보고하고 있다. 이러한 관점에서

Weyle-Willett(1977)은 취업주부와 전업주부 사이에 여가나 생활체육 활동에 대한 인식이 서로 상이하다고 지적하고 있다. 직업을 가진 주부는 전업주부보다 자유시간을 더욱 많이 원하고 있으나 여가활동보다 업무와 관련된 활동에서 더 많은 만족감을 느끼고 있다고 보고하고 있다.

② 연 령

연령은 두 가지 측면에서 여가행동이나 생활체육 참가에 영향을 미치는 결정요인으로 작용한다. 첫째, 연대기적 연령으로서 개인이 현재까지 살아온 물리적인 시간을 기준으로 한 나이이다. 이는 개인의 신체적·정신적 상태나 발달에 중요한 영향을 미친다. 둘째, 사회적 연령으로서 음주허용 연령이나 운전면허 소지가능 연령과 같이 사회가 개인의 나이에 사회활동과 관련된 의미를 부여한 연령을 의미한다.

연령과 생활체육 활동의 관계에 대한 연구에서는 일반적으로 사회적 연령보다는 연대기적 연령에 기초하여 연구를 진행하기 때문에 연령의 사회적·문화적·개인사적인 측면이 간과되기 쉽다. 이는 특히 노인층을 대상으로 연령과 생활체육의 관계를 연구할 때 고려해야 할 사항이다. 일 예로, 노인층이 생활체육 활동에 참가하지 않는 이유는 체력저하와 같은 연대기적 연령에 기인한 요인뿐만 아니라, 생활체육을 노년층이 즐기기에는 적합하지 않은 여가활동이라고 규정한 사회적 연령으로부터 파생되는 문제 때문일 수 있다. 그러므로 연령을 기준으로 한 연구는 사회적인 변수이나 개인의 성격에 기초한 변수를 함께 고려하여야 한다(Smith & Therberge, 1987).

일반적으로 사춘기까지는 연령이 증가할수록 스포츠나 여가활동에 소요되는 시간이 증대되고 이후로는 감소된다고 한다. 미국의 성인을 대상으로 연구한 Robinson(1977)은 스포츠 참가에 있어 미국인은 20세 이후에 큰 폭의 감소를 나타내며 이후 50세까지 점진적인 감소추세를 보인다고 보고하고 있다(Smith & Theberge, 1987). 이는 다른 국가를 대상으로 한 연구에서도 비슷한 결과를 보여주고 있다. 즉, 폴란드(Wohl, 1969: 83-127), 영국과 캐나다(Hall, 1973), 프랑스(Dumazedier, 1973), 체코슬로바키아(Lopata,

1968: 17-37), 덴마크(Riiskjar, 1984), 네덜란드(Rijsdorp, 1960) 등의 연구는 스포츠나 야외 레크리에이션의 참가는 젊은 층에서 가장 활발히 나타나며 연령이 증가함에 따라 감소한다는 결과를 보고하고 있다.

한편, 연령은 각 사회의 문화에 따라 다른 의미로 받아들여진다. 연대기적 연령과 달리 사회적 연령은 각 사회의 특정 유형에 따라 변한다. 평균 연령이 40세 이하이던 중세시대에 있어서 35살의 의미와 현재 북미나 유럽에 있어서 35세의 의미는 사회적으로 많은 차이가 있는 것이다. 따라서 사회적 연령은 개개의 사회 발달단계에 부합되어 나타나며 이러한 사회적 연령은 연대기적 연령과 더불어 생활체육 참가나 유형에 큰 영향을 미친다.

연령이 생활체육 소비행위에 미치는 영향은 강신복(1997)의 국민생활체육참여실태조사를 통해서도 알 수 있다. 규칙적인 체육활동 참여율(주 2-3회 이상)을 항목에 따라 연도별로 비교한 결과는 〈표 Ⅱ-3〉과 같다.

〈표 Ⅱ-3〉 연도별 연령에 따른 참가율 비교

항 목 연 도	10대	20대	30대	40대	50대	60대 이상
1994	50.2	39.0	33.3	31.3	34.8	34.0
1997	50.9	38.6	35.7	35.3	37.8	29.6
2000	39.9	35.6	25.9	30.8	39.1	36.8

*출처: 강신복 외(2000). 국민생활체육참여실태조사. 문화관광부. 74.

규칙적인 체육활동 참여율이 감소된 원인을 파악하기 위하여 94, 97년의 결과를 연령별로 비교한 〈표 Ⅱ-3〉에 의하면, 10대에서는 과거에 비해 10% 이상 운동 참여율이 감소되었으나, 50대와 60대 이상에서는 오히려 체육활동 참여율이 증가하였다. 이러한 결과는 체육활동 참여율의 감소가 최근 인터넷과 컴퓨터게임 등을 즐기는 인구가 폭발적으로 증가하고 있는 10대의 참여율 감소에서 주된 원인을 찾을 수 있다. 위의 결과로 볼 때 연령은 생활체육 소비행위에 영향을 미치는 중요 변수임을 알 수 있다.

2) 사회적 상호작용

인간은 일정한 가치와 행동양식을 타자와의 상호작용을 통하여 자주적으로 학습하고 이를 내면화하는 과정을 통해 특정 사회의 구성원으로 성장해 간다. 사회적 상호작용이란 두 사람 이상이 서로 접촉하여 서로의 행동에 영향을 미치게 되는 과정이다. 인간은 사회 지위와 역할, 문화뿐만 아니라 인간의 각종 심리적 상황조차도 이 사회적 상호작용 속에서 그리고 사회적 상호작용을 통하여 활성화되며 또한 그 의미를 갖게 된다(강운선, 1997: 25-44).

상업스포츠 참가자의 소비행위는 지도자나 직원과의 사회적 상호작용에 의한 결과물이며, 개인적 동기만으로 설명하기 어렵다. 즉 소비행위는 원자화된 행위 주체에 의해 독립적으로 수행되는 것이 아니라, 한 개인이 현재 맺고 있는 인간관계의 연결망(지도자·직원·참가자)에 배태된 것이다. 여기서 연결망이란 개인 혹은 집단 간의 정규적인 접촉이나 사회적 연계를 의미하는데, 이러한 연결망 속에서 한 개인의 행위는 타인과의 상호작용 속에서 드러나기 때문에 배태된 것이라 할 수 있다(공유식·김혁래·박길성·유홍준, 1994: 40).

상업스포츠 소비행위를 하나의 소비행위로 간주한다면 상업스포츠 소비행위는 다음과 같은 측면에서 설명이 가능하다. 상업스포츠 소비행위와 같은 인간의 소비행위는 합리적이고 원자화된 개인의 이익추구 과정으로만 설명될 수 없으며, 행위는 항상 현재 개인이 맺고 있는 사회관계, 즉 생활체육 지도자·직원과 참가자 간의 상호작용에 배태되어 있다(Granovetter, 1985: 485-486).

즉 소비행위가 과거보다 자율적이고 개인이익의 합리적 추구라는 방향으로 변모한 것은 사실이지만, 전통사회에서나 현대 산업사회에서 상업스포츠 참가자의 소비행위가 사회구조, 즉 사회적 영향력과 무관하게(낮은 '배태'성) 이루어지는 것이 아니며, 과거뿐만 아니라 현대사회에서도 인간의 소비행위는 사회적 관계에 상당 정도 배태되어 그 영향을 받기 마련이다.

상업스포츠시설에서 사회적 행위로서의 상호작용은 운동지도나 시설이용의 편의를 제공하는 과정, 즉 지도자·직원과 참가자가 서로 직접 대면·접촉하는 상황에서 발생한다. 경영학 연구 영역에서는 이를 서비스접점(service encounter)이라 부르기도 한다(Gronroos, 1983: 83-104). 참가자와 서비스제공자(지도자·직원)와의 상호작용을 수반하는 서비스접점은 어느 한쪽에 의해 수용되거나 거부될 수 없는 사회적 행위이다(Webster, 1968: 7-13). 참가자와의 대면은 지도자·직원이 참가자에게 운동을 교습하거나 운동 관련 정보를 제공하는 등 일련의 의사소통 과정에서 나타난다. 서비스접점에서 고(高)접촉과 저(低)접촉의 차이는 서비스체계에 있는 총시간 중 실제 참가자를 서비스해 준 시간의 비율로 구별할 수 있다. 서비스제공과정에 참가자가 나타나서 머문 총시간 중 참가자가 실제로 서비스를 받은 시간의 비율로 정의된다.

이러한 의미로 볼 때 호텔, 식당, 학교는 고접촉 서비스체계이고, 전화국이나 우체국은 저접촉 서비스체계이다. 고접촉 서비스체계에서는 인적 요소(지도자·직원)가 서비스 창출에 큰 영향을 미친다는(Cowell, 1984) 점에서 스포츠센터와 같은 상업스포츠시설은 고접촉 서비스체계를 갖고 있다고 할 수 있다.

서비스 창출과정에서 참가자와의 접촉 정도가 높은 서비스를 제공하는 행위는 접촉 정도가 낮은 서비스를 제공하는 행위와 비교할 때 상당한 어려움이 따른다. 스포츠센터와 같은 상업스포츠시설의 서비스는 종목별로 약간의 차이는 있지만 생활체육 지도자와 서비스를 분리하기 어렵다. 왜냐하면 상업스포츠시설은 참가자를 대상으로 한 지도자의 운동 교습행위가 핵심 서비스이기 때문이다. 따라서 상업스포츠시설의 지도자는 서비스의 생산과 창출에서 중요한 역할을 담당하게 된다. 또한 직원 역시 참가자에게 시설 이용의 편의를 제공한다는 점에서 서비스 창출과 밀접한 관련을 맺고 있다.

생활체육 지도자는 참가자와 직접적인 상호작용을 한다. 일반적으로 참가자는 체육시설의 가입과 운동 과정에서 지도자를 직접 대면하게 된다.

참가자와 직접 상호작용 하는 생활체육 지도자는 상업스포츠시설에서 매우 중요한 역할을 수행한다. 생활체육 지도자의 참가자와의 접촉 정도는 실제 참가자와의 접촉량에 따라 다양하게 나타난다. 모든 상업스포츠조직에서 생활체육 지도자가 중요하지만, 특히 생활체육 지도자의 행동이나 태도를 보고 상업스포츠조직의 이미지를 갖게 되는 경우에는 더욱더 그러하다. 지도자는 서비스질 인식에 결정적인 영향을 주기 때문에 얼마나 효과적으로 서비스를 잘 수행하느냐에 따라 상업스포츠조직의 성패가 좌우된다고 해도 과언이 아니다.

왜냐하면, 참가자는 지도자·직원을 통해서 상업스포츠조직 전체를 평가하게 된다. 지도자·직원은 현장에서 참가자와 대면·접촉하는 주체이며 참가자의 필요 및 욕구를 잘 파악하고 이를 충족시키는 역할을 담당한다. 따라서 상업스포츠조직은 지도자·직원에 대한 교육과 관리가 매우 중요하다.

서비스제공 체계에서 중요한 역할을 수행하는 것은 바로 서비스 생산 및 소비과정에 참여하는 지도자·직원과 참가자 자신이다. 대부분의 서비스는 인간에 의해 수행되기 때문에 참가자는 지도자의 행동이나 태도에 의해 크게 영향을 받는다. 따라서 서비스 선택에 있어 지도자와 참가자 간의 사회적 상호작용 및 관계는 참가자의 만족 및 불만족에 영향을 미치게 된다.

상업스포츠시설의 지도자·직원은 창조적으로 참가자의 소비행위를 유도하고 참가자에게 여러 가지 정보를 알리고 도와주며 안내해 주는 서비스 제공 이외에 참가자의 반응을 청취하여 피드백 시키는 역할을 담당하고 있기 때문에 상업스포츠시설에 있어서 핵심 주체라 할 수 있다.

3) 사회관계 만족

만족이란 일반적인 상업스포츠 참가경험이나 상황에 대하여 즐거워하거나 만족해하는 주관적인 지각을 의미하는 개념으로 스포츠활동 참가의 선택과 참가의 결과로서 개인이 형성하거나 획득하는 긍정적 인식 또는 감정으로 정의할 수 있다. 여러 활동에서 얻어지는 만족은 오랫동안 사회과학

자들의 관심의 대상이 되어 왔다. 이러한 관심에는 인간주의적인 이유뿐만 아니라 과학적인 이유도 있다(Ragheb & Beard, 1980: 329). 인간주의적 이유는 만족에 관한 이론 및 지식이 인간의 만족에 기여하는 활동, 행동 및 서비스를 밝혀줌으로써 궁극적으로 인간으로 하여금 만족을 성취할 수 있도록 도와주기 때문이다. 과학적인 이유는 만족과 기타 관련 변수 간의 관계를 밝히는 것이 삶의 전체적인 체계에 적응하는 방법을 발견할 수 있도록 하기 때문이다.

한편, 만족은 기본적으로 보상의 문제로서 개인이 어떠한 활동을 행함으로써 얻게 되는 것이다(Homans, 1961: 267). 실제로 사람들은 활동의 보상에 만족할 때 그 활동이 만족스럽다고 말한다. 이를 여가행위에 적용시키면 참가자가 만족스러운 즐거움, 성취, 건강증진, 상호작용 및 대인관계 욕구 충족 등과 같은 보상을 얻거나 이끌어 내었을 때 그 여가활동이 만족스럽다고 생각한다는 의미로 볼 수 있다(Ragheb & Beard, 1980: 330).

체육학 분야에서 만족에 관한 연구는 1990년대 초반부터 꾸준히 이루어져 왔다(이종길, 1992; 이성철, 1996; 김경식, 1996; 정영린, 1997). 이들 대부분의 연구는 여가활동으로서의 생활체육 참가와 여가만족의 관계에 초점을 두고 있다. 즉 생활체육 참가집단과 비참가집단 간의 여가만족의 차이를 비교·분석한 다음, 참가집단 내에서 참가 정도가 여가만족에 미치는 영향을 규명하고 있다. 여가만족은 심리적·사회적·교육적·생리적·환경적·휴양적 만족 등 다차원적 하위개념으로 구성되어 있다.

여가만족의 개념이 체육학 분야에 도입된 이후 생활체육 참가의 결과로서 나타나는 만족에 관한 연구가 활발히 진행되었다. 최근에는 경영학 연구 영역에서 고객만족의 개념을 도입하여 서비스질과 고객만족의 관계를 연구해 오고 있다. 고객만족은 일반 경영학 분야에서 차용된 개념으로서 다차원이 아닌 단일 차원(단일 문항)의 만족 정도를 측정하는 것으로 구성되어 있다. 단일 차원의 만족 개념은 구체적인 정보의 손실을 가져올 가능성이 높다. 특히 상업스포츠 소비행위의 사회적 결정요인으로서 만족의 변수를 설정하는 경우, 참가자의 어떤 만족이 소비행위에 영향을 주는가에 대한 정보의 손실이 발생될 수 있다.

따라서 스포츠사회학 연구 영역에서는 생활체육 참가자의 만족을 연구하는 경우에 여가만족과 고객만족의 개념을 토대로 상업스포츠시설에 적합한 참가자의 만족 척도를 개발하는 것이 필요하다. 서비스제공자인 지도자·직원 등 인적 만족에 한정할 때 상업스포츠시설에서의 만족은 지도자만족·직원만족·회원과의 친교만족으로 구성될 수 있다. 이는 상업스포츠 참가자가 지도자, 직원 그리고 다른 회원과의 대인관계를 통해서 얻게 되는 만족이기 때문에 사회관계 만족이라는 변수로 명명될 수 있다.

사회관계 만족에 관한 직접적인 연구는 아니지만, 다수의 연구에서는 만족이 소비행위와 유사한 고객충성도 또는 고객애호도를 결정짓는 중요한 변수라고 보고하여 왔다(강호정·김경식·이준엽, 2002: 237-246). 강호정 등(2002)은 태릉스케이트장의 서비스질과 고객만족 및 고객충성도에 관한 연구에서 고객만족이 고객충성도에 의미 있는 영향을 미친다고 주장하였다. 이 연구결과는 서비스질이 향상되어 고객만족이 증대되면 고객충성도가 강화될 수 있음을 시사하여 주고 있다. 즉 고객만족은 서비스질과 구매의사의 관계를 연결시켜 주는 중요한 고객유지율 변수라는 것이다. 여기서 고객유지율은 기업의 관점에서 규정하는 개념인데, 이러한 고객유지를 고객의 관점에서 보면 고객충성도라는 개념으로 정의할 수 있다.

김양종(2002)은 개인적 운동상황의 하위요인으로서 만족변수를 설정하였는데, 만족은 소비행위에 유의한 영향을 미치는 주요 변수라고 보고하였다. 특히 이 연구에서는 상업스포츠시설의 운동환경에 대한 만족도 요인 중 운동프로그램의 융통성, 예를 들어 강사 교체, 운동내용, 지도방법 등에 대한 만족도가 소비행위를 결정짓는 변수라고 밝혀내었다.

본 연구와 유사한 맥락에서 관람스포츠에서의 재관람의사에 대한 연구가 진행된 바 있다. 임번장·김경식(2002)은 관람스포츠 소비행동 구조모델 분석에 관한 연구에서 소비자의 관람만족이 관람지속 욕구를 강화시켜 재관람의사, 즉 재관람의지와 재관람 가능성을 촉진시키는 중요한 매개변수라는 사실을 상기시킴으로써 사회관계 만족과 소비행위 간의 관련성을 직·간접적으로 뒷받침 해주고 있다.

이 같은 상업스포츠 참가로 인한 만족스러운 감정은 개인의 의식적·무의식적 욕구가 충족됨으로써 기인한다고 할 수 있는데, 결국 상업스포츠 참가의 결과로서 나타나는 사회관계 만족은 활동의 지속과 흥미를 결정하는 중요한 요소로서 만족스러운 생활체육활동을 가능케 한다.

4) 사회자본으로서의 신뢰

사회자본(social capital)이란 무엇인가? 사회자본이란 한 개인이 특정 집단에 참여함으로써 특정 행동을 가능케 해주는 사회구조 혹은 사회적 관계의 한 측면이다(Coleman, 1990: 302). 예컨대 우리 사회에서 학연과 지연은 오랫동안 그러한 사회적 관계에 참여하는 사람들 간에 경제적·정치적·사회적 자원의 동원을 가능케 해주는 사회적 자본으로 작용해 왔다. 동창 간이나 같은 고향 출신들 간에는 법적인 계약서나 재정적인 보증 없이 돈을 빌려주는 행위, 계를 통하여 금리보다 높은 이자수익을 얻는 행위 등이 모두 우리 사회에서 나타나는 사회자본의 사례라 할 수 있다.

상업스포츠에서 사회자본의 예는 주변에 보다 좋은 체육시설이 설립되어있어도 기존 체육시설을 고수하고 계속 이용하려는 행위 등을 들 수 있다. 이 경우 여러 가지 요인이 작용할 수 있지만, 상업스포츠 참가자는 이미 지도자·직원이나 다른 회원들과의 친분관계가 형성되어 있어 이 같은 관계를 지속적으로 유지하려는 의도가 배태되어 있다. 다시 말해, 다른 체육시설에 가입하여 운동할 경우 새로운 지도자나 직원 그리고 다른 회원과의 사회관계를 형성하는 데 있어서 상당한 에너지가 소요되기 때문이다.

사회자본에 대한 개념은 규범, 일반적 호혜성, 연결망 그리고 신뢰 등으로 매우 포괄적이다. 대부분의 학자들은 신뢰를 사회자본의 가장 중요한 요소로 인식하고 있다. 심지어는 신뢰와 사회자본을 동일한 의미로 사용하기도 한다. 사회자본은 사람들 간의 관계 속에 내재한다는 점에서 다른 자본들과의 차별성을 지니고 있다. 즉 다른 자본과는 달리 사회자본은 두 사람 간의 그리고 많은 사람들 간의 관계에 배태되어 있다.

Coleman(1990: 19)은 경제학이나 사회학, 인류학 모두에 유용한 사회자본 이란 용어를 개념화하고 있다. 사회자본이란 다른 형태의 자본인 경제자본 (economic capital), 인적 자본(human capital), 문화자본(cultural capital)과 같이 생산활동에 필요한 요소이다. 즉 인적 자본인 행위자들 간의 관계의 신뢰성에 근거하고 있는 사회자본은 경제자본이나 인적 자본이 개인에게 속하거나 개인의 속성으로 존재하는 것과는 달리, 사회적 관계에만 존재한다. 즉 사회적 자본은 사회구조 혹은 사회적 관계에 항상 배태되어(embedded) 존재한다(〈표 Ⅱ-4〉 참조).

오늘날 우리 사회는 전통적인 가족형태가 무너지면서 개인주의, 이기주의 현상이 팽배해 있다. 다시 말하면, 사람들 간의 사회관계가 원만하지 못하거나 편협된 인간관계를 유지하고 있어 사회자본이 매우 빈약하다고 볼 수 있다. 사회자본이 풍부해야 그 사회는 매우 건강한 사회라 할 수 있다. 상업스포츠시설은 건전한 여가활동 장소로서, 참가자들 간 그리고 참가자와 지도자·직원들 간의 사회관계를 발전시킬 수 있는 최적의 공간이 될 수 있다. 상업스포츠 참가자는 지도자·직원과 다른 참가자와 강한 연대의식, 우애, 소속감, 친밀감 및 친교의 감정을 느낄 수 있다. 그리하여 상당히 강한 정의적 유대(情意的 紐帶)가 흔히 상업스포츠시설에서 형성된다 (Brockmann, 1969).

고도 산업사회에서 흔히 나타나는 사람들 사이에 존재하는 고립은 각 개인이 상호간에 지니는 사회적 거리인데, 상업스포츠시설은 위와 같은 우애감을 형성하고 연대의식을 형성함으로써, 이러한 사회적 거리의 간격을 없애주는 기회의 장을 제공한다(Bouet, 1969). 상업스포츠에 참가하는 같은 편 사이는 물론, 상대방과도 부단한 상호작용을 통하여 사회적 거리를 없애기란 매우 수월한 일이다. 마찬가지로 일반적으로 대상경험(代償經驗)을 하고 있어 스포츠에 직접 참가하지 않는 관람자까지도 상호간에 비교적 고립현상이 적은 편이다(임번장, 2002a).

상업스포츠 참가자는 상호작용을 통해 지도자·직원 그리고 다른 회원과

40

의 사회관계를 유지·발전시킴으로써 서로 신뢰하게 된다. 이러한 신뢰는
상업스포츠시설에서 하나의 사회자본으로 축적되어 참가자로 하여금 지속적
으로 운동에 참가하도록 묶어두는 기제로 작용하게 됨을 추론할 수 있다.

〈표 Ⅱ-4〉는 사회자본의 개념을 경제자본·인적 자본·문화자본과 각각
비교하여 이론적인 의의는 무엇이고, 자본의 소유자는 어떻게 구분되며, 자
본의 소유자에게 돌아가는 혜택은 또한 어떻게 다르며, 그리고 그와 같이
서로 다른 자본의 존재 형태는 무엇이며, 분석의 수준이나 연구의 핵심적
관심은 또한 무엇인지를 정리한 것이다.

〈표 Ⅱ-4〉 경제자본·인적 자본·문화자본과 사회자본의 차이점

구 분	경제자본	인적 자본	문화자본	사회자본
이론적 의의	화폐가 아닌 생산수단의 형태로 존재하는 자본	자본가에 의해서만 배타적으로 소유될 수 있는 자본의 개념에 대한 수정	경제자본과 문화자본의 불일치	개인이 아닌 사회적 관계 속에서 파생되는 자본
자본의 소유자	개인(자본가)	개인(노동자)	가족 전체 또는 가족의 개별 구성원	집단(사회집단)
자본소유자에게 주는 이익	타인의 노동력에 대한 착취를 통한 경제적 이익	노동 시장에서의 협상력 증대, 높은 임금	다른 계급과의 구별짓기와 계급의 문화적 재생산	정보의 취득, 사회적 연대와 결속의 창출
자본의 존재형태	물질적 대상 (토지 및 기계와 같은 생산수단)	교육 및 직무훈련을 통해 개별 노동자에게 체화된 기술과 지식	가족구성원에 의해 공유되는 문화적 취향	개별 행위자가 아닌 사회적 관계 속에 존재하는 신뢰와 결속관계
연구의 핵심	자본가와 노동자 사이의 계급적인 착취관계	교육과정과 임금 사이의 연관성	문화자본을 통한 세대 간 계급 재생산	개인 혹은 집단 사이의 관계 유형
분석수준	구조(계급)	개 인	가 족	개인/집단

* 참고: 유석춘 외(2003). 사회자본: 이론과 쟁점. 서울: 도서출판 그린.

첫째, 사회자본은 행위자들이 개별적으로 보유하고 있는 자본이 아니라 행위자들 사이의 관계 속에 내재하고 있는 자본이라는 사실이다. 즉 둘 이상의 행위자가 맺고 있는 관계라는 분석단위의 특성이 사회자본을 다른 형태의 자본과 구분하는 가장 근본적인 차이점이다. 사회자본은 개인이 소유하고 있는 개인적 자원이 아니라 개인들 간의 관계를 통해서 접근할 수 있는 사회적 자원으로 정의된다(Lin, 2001: 21). 물론 사회적 교환관계 속에서 자원을 제공하는 사람과 받는 사람의 동기 및 이해관계는 서로 상이할 수 있다. 이 때문에 상호간에 도움을 주고받으리라는 호혜성에 대한 기대는 언제든지 배반당할 수 있다(Portes, 1998: 4). 따라서 사회자본에 관한 어떠한 행위자도 자신이 배타적으로 사회자본을 소유하고 있다고 주장할 수 없다. 왜냐하면 만약 특정한 행위 주체, 즉 상업스포츠 참가자가 지도자·직원과의 관계를 철회하면 나머지 다른 쪽인 지도자·직원의 의사와 관계없이 그 관계는 소멸되기 때문이다.

둘째, 사회자본은 소유자가 특별한 노력을 기울이지 않아도 그것을 지속적으로 보유할 수 있는 다른 형태의 자본과는 차이가 있다. 사회자본을 소유하기 위해서는 지속적으로 상호관계를 유지하는 노력이 필요하다. 예컨대 어떤 행위자가 일정액의 현금이나 부동산을 소유하고 있다면 도난을 당하거나 처분하지 않는 한 그 사람의 수중에는 동일한 액수의 현금이나 부동산이 남아 있다. 그러나 사회자본은 일단 획득되었다고 하더라도 그것이 앞으로도 변함없이 그 사람에게 머물러 있을 것이라고 보장할 수 없다. 다시 말해, 지도자나 직원은 어떤 참가자가 상업스포츠센터에 회원으로 가입되었다고 하더라도 그 참가자가 지속적으로 관계를 유지하리라 확신할 수 없다. 집단의 구성원들 사이에서 서로의 관계를 끊임없이 확인하고 재확인함으로써 인정을 받는 일련의 지속적인 교환과정을 거쳐야만 사회자본은 유지되고 재생산될 수 있다(Bourdieu, 1986). 그런 의미에서 한 개인이 특정한 시점에 보유하고 있는 사회자본은 다른 사람과의 관계를 만들고 유지하기 위해 오랜 기간 동안 의도적으로 혹은 비의도적으로 투자한 결과라고 이해해야 한다.

셋째, 사회자본을 매개로 한 사회적 교환관계는 다른 경제적 거래처럼 동등한 가치를 지닌 등가물의 교환이 아니다. 일반적으로 시장에서의 거래는 받은 것만큼 주는 상황을 전제로 한다. 그러나 사회자본을 매개로 한 거래에서 예컨대 신뢰를 주고받았다고 하여 거래 당사자인 상업스포츠조직과 참가자 사이에 존재하는 신뢰가 준 것만큼 줄어들고 받은 것만큼 늘어나는 영합(zero-sum)관계로 나타나지 않는다. 오히려 사회자본은 거래 당사자 모두가 사용하면 할수록 더욱 축적되고 더욱 증가되는 정합(positive-sum)관계로 나타난다(Adler & Kwon, 2000). 이러한 의미에서 사회자본은 사용하면 할수록 늘어나는 독특한 특성을 지닌 자본이다(Putnam, 1993a: 169).

넷째, 경제자본의 교환은 시간적으로 볼 때 동시적으로 이루어지는 반면에 사회자본의 교환은 이러한 동시성을 전제로 하지 않는다. 경제자본이 교환되는 시장에서의 경제적 교환과 사회자본이 교환되는 비정부/비영리 영역에서의 사회적 교환에 적용되는 개인의 동기가 서로 다르기 때문이다(Lin, 2001). 많은 경우 우리는 아는 사람으로부터 도움을 받았을 때 즉각적으로 그에 대한 보답을 하기보다는 나중에 적절한 기회가 생겼을 때 그렇게 한다. 이처럼 사회적 교환은 서로가 주고받은 도움에 대해 언젠가는 보상을 받으리라는 믿음이 존재하고 있어야 한다. 상업스포츠 지도자나 직원은 참가자와의 사회적 교환관계 측면에서 운동을 지속적으로 행할 것이라는 믿음을 갖고 있다. 물론 이러한 믿음이 형성되기 위해서는 상호작용 및 교환관계가 반복적으로 이루어져야 한다. 왜냐하면 상업스포츠 참가자가 지도자나 직원과의 관계에서 일회적인 긍정적 상호작용을 하였다고 하더라도 관계를 지속시켜 자신이 받은 도움을 되갚아야 한다는 마음의 부채는 쉽게 생기지 않기 때문이다. 또한 거래가 반복되더라도 양자 사이에 존재하는 믿음과 이에 기초한 거래의 안정성은 언제든지 배반될 수 있다. 이러한 맥락에서 사회자본은 일반적 호혜성에 기반을 둔 자원이며 또한 그 호혜성은 원칙적으로 불안정한 성격을 지니고 있다.

사회자본에 대한 또 다른 논의는 사회자본이 어떤 기능을 하는 가이다. Sandefur와 Laumann(1998)에 의하면, 사회자본의 기능 또는 혜택은 크게 정보(information), 통제(control), 결속감(solidarity) 등 세 가지 유형으로 구분할 수 있다. 즉 사회자본 소유자는 비소유자에 비해 적절한 정보를 빠르게 획득할 수 있고, 타인을 통제하는 동시에 사회자본 소유자 간에 가치관, 규범, 목적의 공유를 통해 결속감을 창출해 낼 수 있다.

지도자·직원은 참가자와의 사회적 관계를 통해 참가자의 정보를 획득하고, 참가자의 소비행위나 중도탈락을 통제하며 스포츠가치관과 신념 등을 공유함으로써 사회자본으로서의 신뢰를 돈독히 쌓을 수 있다. 이 같은 과정을 통하여 상업스포츠 참가자는 지도자나 직원과의 사회관계에 대한 만족이 향상되고 신뢰가 형성되어 관계를 지속시키려는 경향을 보이게 된다.

신뢰는 사회자본의 대표적인 사례이다(이재열, 1998; 박찬웅, 1999). 신뢰란 한 행위자가 위험에도 불구하고 다른 행위자가 자신의 기대 혹은 이해에 맞도록 행동할 것이라는 주관적 기대이다. 이러한 맥락에서 상업스포츠시설에 있어서 형성되는 신뢰는 생활체육 지도자·직원이 참가자에 대한 기대나 이해에 맞도록 행동할 것이라는 주관적 기대로 규정할 수 있다. 상업스포츠시설의 지도자나 직원은 참가자와 직접 대면하는 주체이기 때문에 상업스포츠시설에 대한 전반적인 신뢰를 결정짓는다. 참가자는 운동 과정에서 지도자·직원과의 상호작용이 소극적이고 부정적이면 상업스포츠시설에 대한 불신이 자연 형성된다.

이러한 신뢰는 사회적 관계를 전제로 하며, 그 관계 속에서 존재하며, 신뢰가 있음으로 인해 지도자·직원과 참가자는 상호 협력할 수 있고, 감시와 통제 비용을 줄일 수 있다는 점에서 사회자본의 전형적인 경우이다. 또한 신뢰는 사회자본으로서 공공성을 띠고 있다. 이는 신뢰 또한 공공제로서의 딜레마를 갖고 있다는 것을 의미한다. 즉 사회적 관계 내에서 합리적 개인이라면 자신은 신뢰를 주지 않으면서 타인들은 자신에게 신뢰를 주거나 혹은 자신과 관련된 사람들 간에 사회적 신뢰가 형성되기를 바랄 것이다.

그렇다면 체육학 분야에서 사회자본으로서의 신뢰를 어떻게 분석할 것인가? 기존의 신뢰에 대한 분석이 대부분 추상적인 개념 논의의 수준이었던 반면에, 이 연구에서는 신뢰를 경험적으로 분석하기 위하여 신뢰가 형성되는 사회적 맥락과 사회적 관계를 분석하고, 그 특성이 그 사회적 관계에 참여하는 사람들 간의 신뢰와 소비행위에 어떤 영향을 미치는가를 분석하고자 한다.

2. 사회적 상호작용과 사회관계 만족 및 사회자본으로서의 신뢰

체육학 분야에서 상업스포츠 참가자의 사회적 상호작용과 사회관계 만족 및 사회자본으로서의 신뢰의 관계에 대한 직접적인 연구는 거의 전무한 실정이다. 다만, 서비스질 개념에 상호작용 요인을 포함시켜 서비스질과 고객만족의 관계를 연구한 몇몇 사례는 있다(조송현, 2002). 그러나 서비스질에서 상호작용 요인은 스포츠사회학 연구 영역에서 다루고 있는 사회적 상호작용의 개념 및 이론과 측정수준이 상이하다.

이와 관련하여, 사회과학 학문 분야에서는 몇몇 소수의 연구가 진행되고 있다. Crosby(1990)는 사회적 행위로서의 상호작용이 사회관계 만족과 신뢰에 의미 있는 영향을 미치는 것으로 보고함으로써 상호작용, 사회관계 만족, 신뢰의 인과성을 강조하였다. Gardner(1985)에 따르면 상호작용이 소비자의 분위기 상태에 영향을 미치게 되고, 이는 곧 소비자의 기억, 시설이나 서비스평가 및 소비행위에 중요한 역할을 담당한다고 하였다. 즉 참가자는 생활체육 지도자와 상호작용 과정에서 생겨난 분위기와 일치하는 방향으로 서비스를 평가하고 만족하는 경향이 있다.

상업스포츠 구성요인은 크게 시설, 지도자, 프로그램으로 나눌 수 있다. 상업스포츠 참가자는 상업스포츠의 안내자·지시자·영향력 행사자인 지도자에 의해 크게 영향을 받는다. 참가자가 지도자와의 상호작용 및 사회적 관계가 원만하지 못하다면 상업스포츠시설에서 제공하는 서비스질을 전체적으로 낮게 평가하는 속성을 지니고 있다.

이러한 측면에서 상업스포츠 지도자나 직원은 일차적으로 생활체육 참가자에게 시설의 쾌적성, 다양한 프로그램, 질 높은 서비스 등을 제공해야 할 뿐만 아니라, 상호관계에 있어서 불쾌감·불신감을 주지 않도록 노력하여야 한다. 정도의 차이가 있긴 하지만 생활체육 참가자는 늘 불만을 갖고 있다고 하여도 과언이 아니다. 참가자의 불만이 발생했을 때 지도자·직원이 직접 나서서 진지하게 청취하고 이를 성의 있게 해결하려는 태도를 보이는 것이 바람직하다. 왜냐하면 상업스포츠조직은 신규 회원 유치가 기존 회원 유지에 비해 몇 배의 시간과 비용이 소요되기 때문이다(김경식, 2002: 391-406).

그간에 스포츠경영학 분야에서 다루어 온 서비스질과 고객만족 모형은 고객만족에 영향을 미치는 변수로서 서비스질 변수만을 고려하고 있다는데 그 한계를 드러내고 있다. 즉, 서비스질이 좋다고 하여 무조건 획일적으로 고객만족이 향상된다는 가정은 생태학적 오류(ecological fallacy)를 범할 개연성이 있다. 왜냐하면 이는 서비스의 공급자인 상업스포츠조직(지도자·직원)과 수요자인 참가자의 관계에 있어서 둘 간의 상호작용을 도외시한 채 일방적으로 상업스포츠조직에만 초점을 두어 설명하는 경향이 두드러지기 때문이다. 참가자는 개개인의 선호(preference)에 의해 서비스질을 인식·평가하는 기준이 상이하고, 이로 인해 느끼는 만족감도 차이가 있기 마련이다. 참가자는 시설이 주는 편리성이나 불편함보다는 지도자나 직원들의 태도나 인상·관심도에 따라 감정의 개입이 반영되는 특성을 가지고 있다. 이러한 특성은 서비스질의 효과를 배가시키거나 상쇄시키기도 하며 만족과 같은 관계의 질의 증감에 큰 영향을 주게 된다(김경식, 2002: 391-406). 상업스포츠조직의 지도자·직원과 참가자 그리고 회원 상호간의 상호작용은 서비스질의 단순한 영향력 차원을 넘어서서 만족과 사회자본으로서의 신뢰에 직·간접적인 영향을 미친다.

따라서 앞으로의 연구에서는 사회적 상호작용과 사회관계 만족 및 사회자본으로서의 신뢰의 관계에 대한 논의에서 Polanyi(1957), Granovetter(1985)의 사회적 관계(social relation), 사회적 힘(social power), 즉 배태성 이론을 적용하여 접근하는 것이 바람직하다. 이들은 상업스포츠 참가자의 소비행위와 같은 인간의 소비행위가 경제적·비경제적 제도에 배태되어 있어 생활체육 지도자·직원과 참가자 간의 사회관계나 상호작용에 의해 영향을 받고 있음을 주장하였다.

3. 사회관계 만족 및 사회자본으로서의 신뢰와 소비행위

상업스포츠 참가자의 사회관계 만족 및 사회자본으로서의 신뢰와 소비행위의 관계에 대한 직접적인 연구는 거의 전무한 상태이다. 따라서 사회관계 만족 및 사회자본으로서의 신뢰와 소비행위의 관계를 논하기 위해서는 일반 사회과학 분야에서 이루어진 연구결과를 토대로 이들 변수 간의 관련성을 고찰해야 한다.

상업스포츠 참가자는 운동 과정에서 지도자나 직원과 직접 대면하게 된다. 즉 상업스포츠센터에서의 서비스 속성 때문에 서비스를 생산하여 직접 제공하는 지도자나 직원과 이를 소비하는 참가자와의 직접적인 접촉이 일어난다. 더욱이, 지도자·직원과 같은 서비스제공자는 상업스포츠시설을 대표하여 소비자인 참가자에게 서비스뿐만 아니라, 그 가치를 제공하는 중요한 역할을 통해, 참가자와 상호관계의 질을 형성하게 된다(Crosby, 1989).

지도자·직원과 참가자 간의 상호작용을 통해 구축되는 사회관계 만족과 신뢰는 소비행위와 같은 지속적인 소비에 영향을 미친다. 상업스포츠 참가자의 사회관계 만족은 지도자·직원과의 상호작용을 통해 발생되는 결과로서, 지도자만족·직원만족·회원과의 친교만족으로 나타나며, 이는 지속적인 참가를 위한 중요 동인으로 작용한다. 또한 신뢰는 사회적 행위로서의 상호작용을 통한 사회적 교환에 의해 강화되며, 참가자의 소비행위에 강한 영향을 미친다. 이러한 사실은 김경식(2005)의 연구를 통해 입증되고 있다(그림 Ⅱ-1 참조).

그림 Ⅱ-1. 상업스포츠시설 서비스제공자의 운동지원과 사회적 자본 및
소비행위에 관한 연구모델

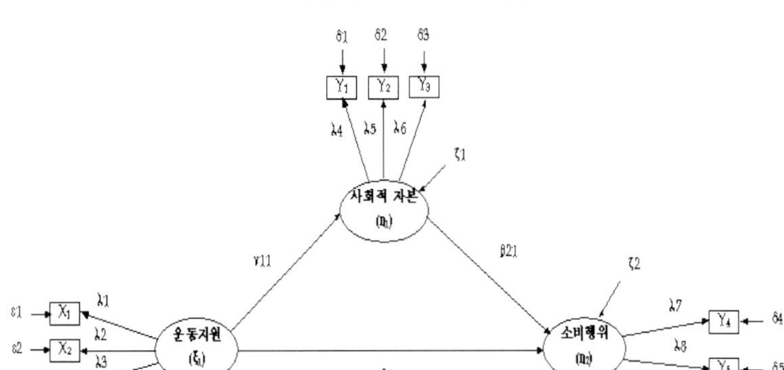

　　김경식(2005)은 상업스포츠시설 서비스제공자의 운동지원과 사회적 자
본 및 소비행위에 관한 연구에서 사회적 자본이 소비행위에 의미있는 영향
을 미칠 뿐만 아니라, 서비스제공자와 소비자간의 상호작용의 결과인 운동
지원과 소비행위의 관계를 매개하는 변수라고 주장하였다. 이러한 결과는
사회적 자본으로서의 신뢰와 운동참가지속간의 인과성을 뒷받침하고 있다.

　　이러한 명제는 체육학 분야는 아니지만 이미 사회과학 분야에서 검증되
고 있다. 본 연구와 관련하여, 비록 많지는 않지만, 거래적 관점이 아닌 장
기적·관계적 관점에서 재구매의도에 영향을 미치는 주요 요인으로, 몇몇
연구는 서비스제공자와 소비자 간의 관계의 질이라는 개념을 제시하였다
(Crosby, 1989; Crosby et al, 1990). 관계의 질이란 서비스제공자를 대표하
는 접점요원에 대한 보다 장기적인 관점에서의 소비자 평가를 나타내며,
서비스제공 접점요원에 대한 만족(Crosby & Stephens, 1987)과 신뢰
(Swan, Trawick, & Silva, 1985)로 구성되며, 관계의 질이 높으면 재구매
의도가 높다는 것이다(Crosby et al, 1990).

　　사회과학 분야에서는 참가자가 느끼는 사회관계 만족 및 신뢰를 서비스
제공자와 소비자 간의 관계의 질로 표현하고 있다. 관계의 질은 보다 장기
적인 관점에서 참가자가 지도자·직원과 같은 서비스제공자에 대한 평가

정도를 의미한다(Crosby et al, 1990). 지도자·직원과 참가자 간에 사회관계의 질이 높다는 사실은 참가자가 지도자·직원을 신뢰할 수 있으며, 미래에도 지속적인 운동을 통해 만족할 수 있으리라는 신념과 기대가 높다는 의미이다.

특히, 사회자본으로서의 신뢰는 지도자·직원에 의해 형성되지만, 이는 결과적으로 상업스포츠조직 전체를 평가하는 요인으로 작용하며 소비행위를 결정짓는다. Rousseau(1998)는 신뢰를 타인에 대한 긍정적인 기대에 근거해 취약성을 수용하려는 심리적 상태라고 정의한 바 있다. 여기서 중요한 사실은 신뢰가 상대에 대한 긍정적 기대에 기초한다는 점과 상황적 취약성을 기꺼이 받아들이려는 의도를 포함하는 심리적 상태라는 점이다. 이를 상업스포츠에 적용시켜 보면, 상업스포츠조직 또는 지도자·직원에게 높은 신뢰를 가진 참가자일 경우, 사전에 호의적인 기대를 형성하며 이러한 기대에 기초하여 일시적 또는 상황적으로 서비스실패를 경험하게 되더라도 이를 기꺼이 받아들이려는 태도를 가지고 있다. 즉 긍정적인 기대가 일시적인 거래경험에 의해 쉽게 무너지거나 손상되지 않고 어느 정도 지속성을 띠고 우호적인 태도와 행동을 보이게 된다.

따라서 참가자의 사회관계 만족과 신뢰를 높여준다면 일시적·부정적 소비경험이 상업스포츠조직과 참가자의 관계를 쉽게 위협하지 않고 장기적으로 유지시킬 수 있는 것으로 보여진다. 이러한 의미에서 상업스포츠 참가자의 소비행위를 강화하기 위해서는 참가자의 사회관계 만족을 향상시키는 동시에 사회적 상호작용 및 관계를 통해 신뢰를 확보하는 것이 매우 중요하다.

Ⅲ. 상업스포츠 소비행위의 사회적 결정요인 모형

이 연구는 지금까지 스포츠사회학과 일반 사회과학 연구 영역에서 이루어진 이론적·경험적 연구에 기초하여 상업스포츠 소비행위의 사회적 결정요인에 관한 가설적 모형을 설정하고, 이를 실증적으로 규명하고자 한다. 본 장에서는 사회인구학적 특성 요인(성·연령·학력·수입·직업·결혼), 사회적 상호작용 요인(친밀도·접촉강도·개방성·상호 협력정도), 사회관계 만족요인(지도자만족·직원만족·회원과의 친교만족), 사회자본으로서의 신뢰요인(평판신뢰·조직신뢰·일반신뢰), 소비행위 요인(소비행위 의지·소비행위 가능성) 등과의 관계모형을 정립하고, 관계모형에서 관련 변인을 정의하며, 이에 기초하여 분석 가능한 구조모형과 검증하고자 하는 연구가설을 설정하고자 한다.

1. 연구모형

사회적 상호작용 요인과 사회관계 만족요인, 사회자본으로서의 신뢰요인 그리고 소비행위 요인의 인과관계는 여타 다른 분야에서 부분적으로 입증되어 왔다. 이러한 경험적 사실을 바탕으로 본 연구에서는 상업스포츠시설에 사회적 상호작용 요인, 사회관계 만족요인, 사회자본으로서의 신뢰요인 그리고 소비행위 요인의 개념을 적용하여 상업스포츠 소비행위의 사회적 결정요인을 분석·규명하고자 한다.

본 연구주제와 관련하여, 그동안 스포츠사회학과 일반 사회과학 연구 영역에서 진행되어 온 연구는 크게 두 가지 흐름으로 요약·정리할 수 있다. 스포츠경영학 연구 영역에서는 스포츠 소비행위와 유사한 맥락에서 재구매의도 또는 고객충성도에 초점을 두고 다수의 연구를 진행하여 왔다. 스포츠 소비행위와 재구매의도 변수는 스포츠사회학과 스포츠경영학 연구 영역에서 유사한 의미로 사용되고 있으나, 스포츠사회학 연구 영역에서는 생활 체육 활성화에 초점을 두고 하나의 사회 현상으로서 소비행위를, 스포츠경 영학 연구 영역에서는 효율적인 경영을 통한 이윤추구의 극대화 측면에서 재구매의도를 다루고 있다. 이와 관련된 선행연구의 결과를 살펴보면 다음 과 같다.

첫째는 서비스질과 고객만족 및 고객애호도에 관한 연구이다. 체육학 분 야에서는 체육시설 경영의 효율성을 제고시키기 위하여 고객애호도에 미치 는 영향을 규명하여 왔다. 고객애호도 변수는 체육시설의 재이용의사로 측 정된다. 초기의 연구들은 주로 서비스질과 고객만족 및 고객애호도의 관계 에 초점을 두고 있다(Cronin & Taylor, 1992: 55-68; Oliver, 1993: 25-48; Patterson & Johnson, 1993: 4-17; Taylor & Baker, 1994: 60-68; 이유 재·이준엽, 1997, 2001; 이유재, 2000; 강호정·이준엽·김경식, 2002; 조 송현, 2002). 다시 말해, 고객애호도를 강화시키려면 서비스질을 향상시켜 고객의 만족 정도를 높여야 한다는 것이다.

Woodside, Frey 그리고 Daly(1989)는 구매의도 형성에 있어서 서비스질 과 고객만족 간의 관계를 연구한 결과, 고객만족은 서비스질 판단과 고객 애호도의 관계를 연결시켜 주는 중요한 매개변수로 밝혀졌다고 주장하였 다. 즉, "서비스질→만족→고객애호도"라는 시간적·누적적 구조를 보이고 있다. 이와 같은 결과는 Cronin과 Taylor(1992), Woodside(1989) 등의 연 구결과와도 맥을 같이하고 있다. 특히 Cronin과 Taylor(1992)는 서비스질 이 고객만족의 정도를 결정짓는 선행변수이자 독립변수라고 보고하였다. 강호정 등(2002)은 태릉국제스케이트장의 서비스질과 고객만족 및 고객애 호도의 관계를 분석한 결과, 서비스질이 고객만족과 고객애호도에 의미 있 는 영향을 미친다고 주장하였다(〈그림 Ⅲ-1〉 참조).

<그림 Ⅲ-1> 태릉국제스케이트장의 서비스질과 고객만족
및 고객애호도 구조모형

* 출처: 강호정·이준엽·김경식(2002). 태릉국제스케이트장의 서비스질과 고객
만족 및 고객애호도의 관계. 한국체육학회지. 제41권 제3호, 237-246.

이상과 같은 연구결과는 사회관계 만족과 소비행위의 관계 설정을 직·
간접적으로 뒷받침해 주고 있다. 그러나 이들 연구에서 사용한 고객만족은
체육시설에 대한 만족 정도를 의미하는 단일 문항으로 구성되어 있다. 이
는 참가자의 만족 정도를 정확하고 구체적으로 파악하는 데 연구의 한계를
지니고 있다. 따라서 상업스포츠 참가자의 소비행위를 규명하는 데 있어서
만족의 개념은 지도자·직원·회원과 관련된 다차원적 하위개념으로 구성
되는 것이 바람직하다. 왜냐하면 상업스포츠조직의 인적 구성요인은 지도
자·직원·참가자이기 때문이다. 상업스포츠 참가자는 운동 과정에서 지도
자·직원과 다른 참가자를 직접 대면하게 되며 사회관계를 형성하게 된다.

둘째는 사회적 상호작용과 만족, 사회자본으로서의 신뢰 그리고 소비행
위의 관계를 규명하려는 연구이다. 서비스질과 고객만족 및 고객애호도 연
구에서 사회적 상호작용과 만족, 신뢰, 소비행위 연구로의 패러다임 전환은
기존의 서비스질과 고객만족이 고객애호도에 미치는 영향에 대한 설명력의
한계에서 비롯된 것이다. 즉, 서비스질이 좋다고 하여 무조건 획일적으로
고객만족이 향상되고 재구매하게 된다는 가정은 생태학적 오류를 범할 개
연성이 높다. 왜냐하면 이는 상업스포츠조직의 지도자나 직원과 참가자 간
의 관계에 있어서 이들 간의 상호작용을 도외시 한 채 일방적으로 상업스
포츠조직에만 초점을 두어 설명하는 경향이 두드러지기 때문이다(김경식,
2002: 391-406).

이러한 기본 가정과 논리는 경영학이나 경제학에서 채택되고 있는 합리
적 행위이론에 기초를 두고 있다. 예컨대, 소비자 또는 이용객은 필요 및

욕구가 다양해짐에 따라 투자비용에 대한 대가로서, 보다 질 높은 체육 서비스를 요구하게 된다. 이는 모든 소비자가 효용을 극대화하기 위해 독립적으로 합리적 행위를 하기 때문에 안정적 선호 순위를 형성하게 되며, 이 선호의 효용 함수(function)에 따라 자신의 이해관계를 추구한다는 기본 가정에 근거를 두고 있다.

특히 상업스포츠 참가자는 운동 과정에서 시설이 주는 편리성이나 불편함보다는 상호작용 시 지도자나 직원들의 태도나 행동에 따라 감정의 개입이 반영되는 특성을 가지고 있다. 이러한 특성은 서비스질의 효과를 배가시키거나 상쇄시키기도 하며 고객만족의 증감에 큰 영향을 주게 된다. 상업스포츠시설의 지도자·직원과 회원 간의 상호작용은 서비스질의 단순한 영향력 차원을 넘어서서 만족에 직·간접적인 영향을 미친다(김경식, 2002: 391-406).

이러한 맥락에서 사회적 상호작용과 만족, 사회자본으로서의 신뢰를 고려한 소비행위에 관한 연구가 필요한 것이다. 이와 관련하여 김경식(2006)은 상업스포츠시설 소비자의 운동참가지속 구조모델 분석에서 서비스제공자의 운동지원이 소비자와의 관계의 질과 관계몰입을 개선시키고, 결과적으로 운동참가지속에 중요한 영향을 미친다고 주장하였다. 김경식(2006)의 연구는 상업스포츠시설 소비자의 운동참가지속 현상을 이해하는 데 매우 중요한 기여를 하였다. 대부분의 기존의 연구들은 스포츠경영학적 입장에서 재등록이나 충성도를 조명하고 있으나, 김경식(2006)의 연구에서는 스포츠사회학적 접근 및 변수 설정을 통하여 운동참가지속의 사회현상을 이해하는데 새로운 지평을 열었다(그림 Ⅲ-2 참조). 특히, 이 연구에서 주목할만한 변수는 운동지원이라 할 수 있다. 서비스제공자와 소바자간의 상호작용의 산물인 서비스제공자의 운동지원은 소비자의 운동참가지속 행위에 대한 스포츠사회학적 접근을 가능케 하는 변수이다. 운동지원이 운동참가지속 행위를 견인하는 중요한 설명변수임에도 불구하고, 그동안 체육학 연구영역에서는 이에 대한 구체적 연구가 매우 미흡하였던 것이 사실이다. 이는 아마도 운동지원 변수의 개념화 문제 및 측정도구의 부재에서 비롯된

결과로 보여진다. 운동지원은 소비자가 서비스제공자와의 의미 있는 상호
작용을 통하여 획득하게 되는 긍정적 자원을 의미한다. 소비자는 상업스포
츠시설 환경 속에서 서비스제공자와의 원만한 사회적 관계를 형성하고 그
들로부터 다양한 운동지원을 받으려는 욕구를 지니고 있다. 이는 소비자가
서비스제공자와의 상호작용을 통하여 운동지원을 받음으로써 자신의 운동
목적 및 목표를 용이하게 실현하려는 데서 발현된 것이라 할 수 있다(김경
식, 2006).

그림 Ⅲ-2. 상업스포츠시설 소비자의 운동참가지속에 관한 연구모델

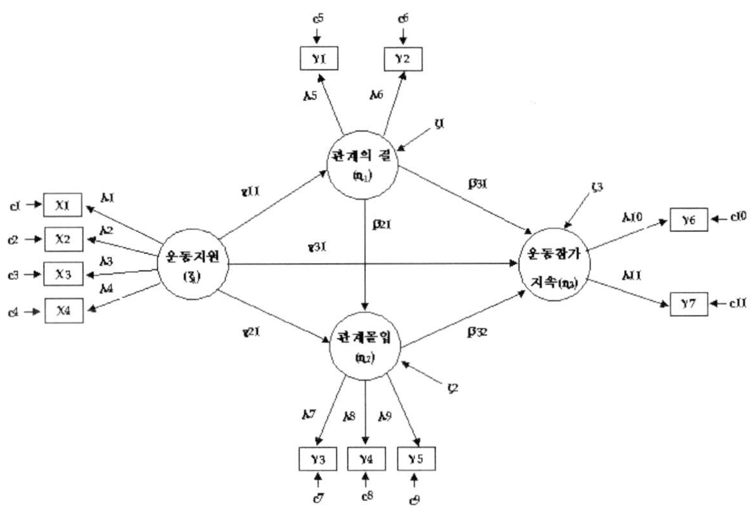

  체육학 분야에서 운동참가지속에 관한 연구는 매우 미비한 실정이다. 이
들 세 변수의 인과관계 및 관련 이론을 체육학 분야에 적용하기 위해서는
일반 사회과학 분야에서 차용하여 재정립하여야 한다.
  선행연구(Crosby & Stephens, 1987: 404-411)에 비추어 볼 때 생활체육
지도자·직원과 참가자 간의 상호작용을 통한 사회관계의 구축은 전반적인
만족이나 소비행위에 영향을 미치는 것으로 보여진다. 선행연구는 장기적

인 관점에서 소비자와의 인간관계를 중시하는 입장에서 시도되었다. 사회적 관계는 사회에서 매우 중요한 요소이며, 이러한 관계가 효과적이지 못할 경우 매출 감소뿐만 아니라, 상당한 기회비용을 발생시킬 수 있다(Spiro & Perreault, 1979). 또한 사회적 교환은 서비스제공자인 지도자·직원과 소비자인 참가자 간의 장기적 계약이나 지속적인 상호작용을 포함하고 있다. 더욱이 상업스포츠 참가자들은 거래비용과 미래이익의 불확실성을 감소시키고, 단기적 관계를 통해 얻을 수 없는 이익을 얻기 위해 지도자·직원과 지속적인 상호작용을 하고자 한다. 따라서 지도자·직원과 참가자 간의 상호작용을 통한 사회관계의 구축은 미래의 지속적인 상호작용의 신호이다. 그러므로 지도자·직원과 참가자 간의 상호작용은 스포츠산업에서 매우 중요한 역할로 작용하는데, 이러한 점에서 지도자·직원과 참가자 간의 상호작용을 통해 형성되는 만족과 신뢰는 미래에 양측의 상호작용이 지속될 가능성을 결정하게 된다(Crosby et al, 1990: 68-81). 또한 생활체육 참가자의 상업스포츠 소비행위는 지도자·직원에 대해 얼마나 만족하는가와 신뢰하느냐에 따라 달라질 수 있으므로, 지도자·직원과 참가자 간의 신뢰의 구축은 상업스포츠 참가자의 소비행위에 매우 중요한 영향을 미치는 것으로 보여진다.

이 연구에서는 지금까지 살펴 본 이론적·경험적 연구결과를 토대로 하여 배경변수로 사회인구학적 특성 요인, 독립변수로 사회적 상호작용 요인, 매개변수로 사회관계 만족과 사회자본으로서의 신뢰요인, 종속변수로 소비행위 요인으로 설정하여 이들 변수 간의 가설적 인과관계를 중심으로 〈그림 Ⅲ-3〉과 같은 변인 간의 관계모형을 설정하고자 한다.

〈그림 Ⅲ-3〉 상업스포츠 소비행위의 사회적 결정요인에 관한 관계모형

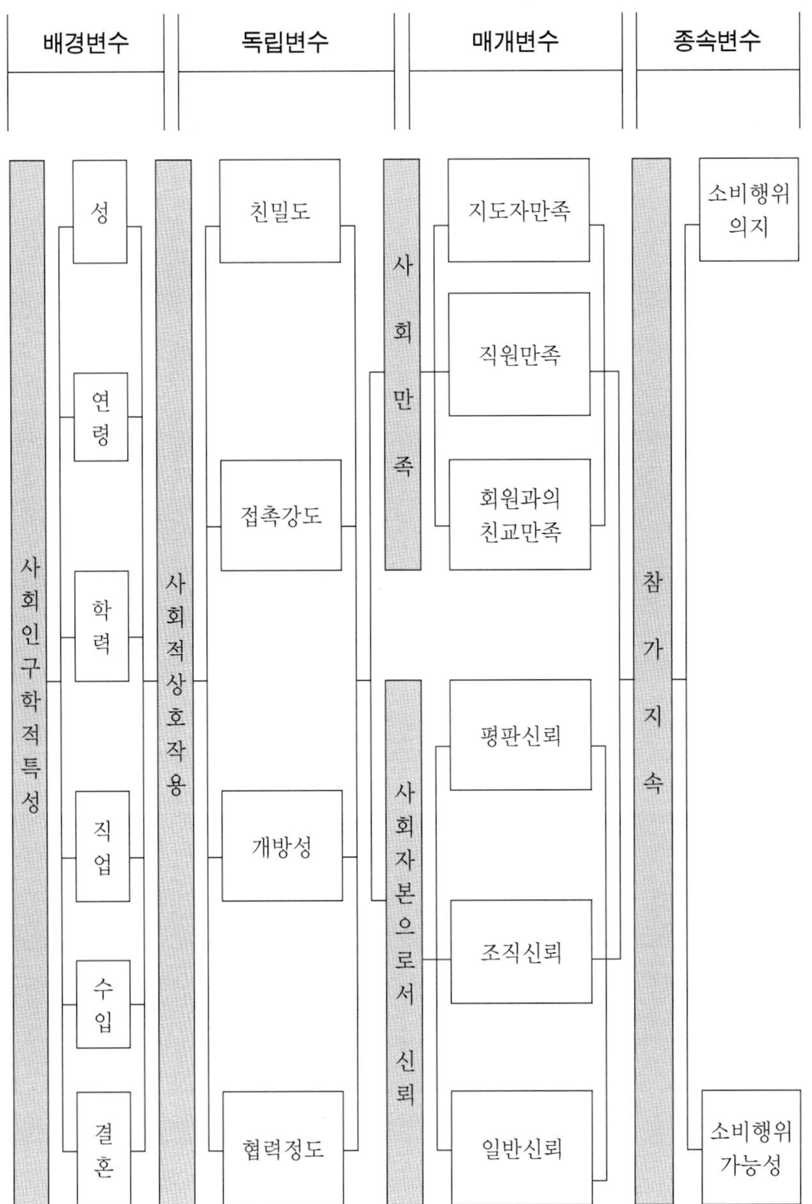

2. 변수정의

이 연구에서는 상업스포츠 소비행위의 사회적 결정요인을 분석하기 위하여 배경변수로 사회인구학적 특성, 독립변수로 사회적 상호작용, 매개변수로 사회관계 만족과 사회자본으로서의 신뢰, 종속변수로 소비행위를 설정하였다.

1) 사회인구학적 특성

스포츠 참가에 있어서 스포츠 역할 학습은 모든 사람에게서 균등하게 이루어지는 것이 아니라, 사회인구학적 특성에 따라 상이하게 이루어진다. 이는 특정 개인의 인구통계학적 특성 및 사회경제적 배경이 사회생활의 태도나 행동영역에 중대한 영향을 미치고 있기 때문이다. 사회경제적 지위가 높을수록 생활기대가 높고 교육의 기회가 유리해지는 것과 같이 거의 모든 생활양식과 기회는 소속계층 및 지위와 밀접하게 관련되어 있다. 또한 이러한 사회경제적 지위는 사회 혹은 지리적 이동을 위한 기회 및 교육과 직업에의 접근 및 결혼 상대자의 선택, 특히 신체적·정신적 건강과 관련된 생활의 기회에 직접적으로 영향을 미친다(임번장, 2002a).

일반 대중은 스포츠 참가지속에 있어서 각자의 사회경제적 배경에 따라 일정 형태의 제도화된 불평등을 경험하게 된다. 따라서 성, 연령, 가계소득, 교육수준, 직업, 결혼 등은 개개인의 소비행위에 영향을 미치는 변수로 가정할 수 있다. 실제로 이 같은 변수들이 특정 개인의 스포츠 참가에 영향을 미치는 중요한 변수임을 밝힌 연구는 매우 많다(김홍기, 1995; 윤이중, 1997; 정영린, 1997; 정찬애, 1991; Kenyon & McPherson, 1974; Nixon II & Frey, 1976; Smith & Freedman, 1972; Wohl & Pudelkiewicz, 1972).

이상과 같은 선행연구는 특정 개인의 사회인구학적 특성 변수에 따라 스포츠 참가지속 및 정도 등이 상이하다는 점이다. 그 이유는 앞서 지적한 바와 같이 개인이 지니고 있는 다양한 특성이 스포츠 소비행위에 상이한 영향을 미치고 있기 때문인 것으로 추론 할 수 있다. 따라서 개인의 사회인구학적 특성은 소비행위와 밀접한 관련을 지니고 있는 변수로 가정할 수 있다. 또한 설정된 변수들 가운데 성, 연령, 가계소득, 교육수준, 직업, 결혼 등과 같은 변수는 사회과학 분야에서 빈번하게 사용되고 있기 때문에 개념 정의상에 문제점이 거의 발생하지 않을 것으로 보여진다.

2) 사회적 상호작용 요인

사회적 상호작용은 상업스포츠 지도자·직원과 참가자가 직접 대면·접촉하여 서로의 행동에 영향을 미치게 되는 사회적 행위이다. 사회관계에 의한 재등록과 같은 사회적 교환과 거래 그리고 상호작용은 서로에 대한 충분한 정보를 바탕으로 또한 그 결과 이미 면식이 존재하는 상태에서 서로가 서로를 존중하는 친밀한 개인들 사이에서 발생한다(Bourdieu & Wacquant, 1992: 119). 상호작용이 지도자나 직원과 참가자 간의 사회적 관계에 얼마나 긍정적인 영향을 주는가는 지도자·직원의 역할수행과 관련된 참가자의 기대에 달려 있다.

참가자와 지도자·직원 간의 상호작용은 어느 한쪽에 의해 수락되거나 거부될 수 있는 사회적 행위이다(Webster, 1988). 사회적 행위의 핵심은 직접 대면하는 상호관계에서 서로의 행동에 영향을 미칠 수 있다는 점이다. 즉, 상대방에 대하여 어떻게 느끼고 생각하는지 혹은 상대방이 어떤 행동이나 반응을 보일 것인지의 추측 등에 의해 자신의 행동이 영향을 받을 수 있다.

일반적으로 인간은 주관적 과정인 지각을 통해 환경에 반응하게 된다. 지각은 개인의 심리적 구조·목표, 가치, 태도, 감정, 필요 등에 의해 영향을 받는다. 그러나 특정 환경하에서 타인에 대한 지각은 추론의 과정이 더해지기 때문에 훨씬 더 복잡해진다. 즉 인간을 포함한 환경에 대한 반응은 상대방의 실제 행동뿐만 아니라, 그 행동에 대한 심리적 귀인에 의해서도 영향을 받는다. 이는 참가자와 지도자·직원 모두 상대방의 행동뿐만 아니라, 상대방에 대한 평가를 통해 자신의 반응을 결정하게 된다는 것을 의미한다.

따라서 상업스포츠시설에서의 서비스 성패 여부는 참가자와 지도자·직원의 조화된 협력에 의존한다고 할 수 있다. 서비스질은 어느 한쪽의 행위에 대한 지식만으로는 이해될 수 없는 것이며, 대부분의 사회적 행위가 협력을 통해 이루어지는 이상, 참가자와 지도자·직원 간의 상호 조정노력이 더욱 중요해진다(Thibaut & Kelly, 1959: 101). 본 연구에서는 사회적 행위로서의 상호작용이 사회관계 만족, 사회자본으로서의 신뢰에 직접적인 영향을 미치는 변수로서 친밀도, 접촉강도, 개방성, 협력정도로 개념화하였다.

본 연구에서 설정한 사회적 상호작용 변수는 다음 두 가지 측면에서 그 의미를 지니고 있다. 첫째, 사회적 상호작용 개념의 구체화를 시도하였다. 스포츠과학 연구 영역에서 사회적 상호작용은 개념이나 이론상으로만 정립되고 연구되어 왔으며, 이를 측정할만한 척도가 부재해 왔던 것이 현실이다. 즉 사회적 상호작용은 추상적 개념으로 존재해 왔던 것이다. 이 연구에서는 사회적 상호작용을 상업스포츠 소비행위의 사회적 결정요인인 독립변수로 설정하였으며, 사회 현상을 보다 구체적으로 설명·예측해내기 위해 다차원적 하위개념, 즉 친밀도·접촉강도·개방성·협력정도의 하위요인으로 구성하였다. 둘째, 사회적 상호작용 변수는 상업스포츠 소비행위를 설명해 줄 수 있는 매우 중요한 변수이다. 상업스포츠 참가자의 사회관계 만족과 신뢰는 기존의 서비스질 변수보다는 이를 창출해내는 서비스제공자인 지도자·직원과 참가자 간의 역동적인 사회관계 및 상호작용에 의해 형성·축적된다. 이 연구에서는 상업스포츠 참가자의 사회관계나 소비행위에 배태된 사회적 상호작용에 대한 구체적인 분석과 논의를 시도하였다.

이러한 연유에서 이 연구에서는 사회적 상호작용을 상업스포츠 소비행위의 사회적 결정요인인 독립변수로 설정하였다.

3) 사회관계 만족

상업스포츠 참가자의 사회관계 만족은 참가자가 상업스포츠시설에 입회하여 지도자나 직원을 직접 대면하면서 느끼는 지도자만족, 직원만족, 회원과의 친교만족이다. 전반적 만족 또는 누적적 만족은 서비스에 대한 소비경험에 근거한 전반적인 평가이다(Anderson & Claes, 1994). 누적적 만족은 거래에 국한된 만족, 즉 가장 최근의 거래 경험에 대한 구매 후의 즉각적 판단이나 감정적 반응인 고객만족과 구별된다. 누적적 만족은 일시적이고 특정적인 만남에 국한된 평가나 감정에만 한정된 것이 아니고 상업스포츠시설의 지도자나 직원에 대한 전반적인 만족수준으로 측정된다. 즉 전반적 만족은 누적적 개념으로 지도자만족, 직원만족, 회원과의 친교만족 등과 같은 다양한 측면에 대한 만족을 모두 포함하고 있다. 본 연구에서는 인적 만족과 관련된 개념을 적용하고자 한다. 만족은 사회적 상호작용 변수에 의해 영향을 받으며, 사회자본으로서의 신뢰와 소비행위에 영향을 미친다.

4) 사회자본으로서의 신뢰

신뢰는 상업스포츠 지도자·직원이 참가자 자신의 기대나 이해에 맞도록 행동할 것이라는 주관적 기대이다. 사회자본으로서의 신뢰는 상업스포츠 참가자와 지도자·직원 간의 사회적 관계를 전제로 한다(이재열, 1998; 박찬웅, 1998). Moorman, Zaltman 그리고 Deshpande(1992)는 신뢰를 상대방에게 기꺼이 의존할 수 있는 마음으로 정의하였다. 일반적으로 신뢰는 지속적인 사회적 관계의 필수 요소로 간주된다. 사회학 연구 영역에서는 사회자본, 신뢰와 시장 등에 대한 연구에서 인간의 행위가 사회적 관계에 배태되어 있으며, 이는 사회자본으로서의 신뢰에 바탕을 두고 있다고 보고하고 있다(Coleman, 1990; 박찬웅, 1999).

Bourdieu와 Wacquant(1992)에 의하면 많은 사회적 교환과 거래 그리고 상호작용은 서로에 대한 충분한 정보를 바탕으로, 또한 그 결과 이미 면식이 존재하는 상태에서 서로가 서로를 존중하는 친밀한 개인들 사이에서 발생한다고 하였다. 이러한 사실에 비추어 볼 때 상업스포츠 참가자의 신뢰는 지도자·직원과의 긍정적인 상호작용에 의해 발생될 수 있으며, 특히, 지속적인 상호작용, 즉 소비행위를 가능케 할 수 있다.

상업스포츠 참가자가 일정의 회비를 지불하고 지속적으로 체육시설을 이용하는 행위에는 지도자·직원과 상업스포츠조직에 대한 신뢰가 밑바탕에 깔려 있기 때문에 가능한 것이다. 예컨대 A라는 사람이 B라는 사람을 믿지 못할 경우 돈을 빌려주지 않는 이치와 유사하다. 특히 상업스포츠시설에서 대중제가 아닌 회원제의 경우에는 이 같은 현상이 더욱 잘 설명될 수 있다.

본 연구와 유사한 맥락에서 Garbarino와 Johnson(1999)은 공연관람의 관람자를 장기회원, 일시회원, 개별공연관람자로 분류하여 신뢰와 미래의도의 관계를 분석하였다. 연구결과 장기회원이 다른 회원에 비해 신뢰가 높고 미래의 지속적인 상호작용 기대와 지속적인 참가의지가 강한 것으로 밝혀졌다. 본 연구에서는 사회자본으로서의 신뢰를 평판신뢰, 조직신뢰, 그리고 일반신뢰의 개념으로 구성하고 사회적 상호작용과 만족, 소비행위 변수 사이에 내재된 매개변수로 설정하였다.

5) 소비행위 요인

소비행위 요인은 상업스포츠 참가를 중도에 포기하지 않고 지속할 의지와 가능성을 의미한다. 소비행위는 주로 스포츠사회학 연구 영역에서 연구되어 왔다(김홍설, 1999; 서희진, 2001). 본 연구는 소비행위 요인으로 소비행위 의지와 가능성을 설정하였다. 소비행위 변수는 사회적 상호작용, 사회관계 만족, 사회자본으로서의 신뢰변수에 의해 직접적인 영향을 받는 것으로 가정되었다.

3. 구조모형

여기에서는 앞서 살펴본 사회적 상호작용 요인, 사회관계 만족요인, 사회자본으로서의 신뢰요인, 소비행위 요인 등의 관련 변수를 중심으로 선행연구결과에 기초하여 다음 〈그림 Ⅲ-4〉와 같이 설정하고자 한다.

〈그림 Ⅲ-4〉 상업스포츠시설 소비행위의 사회적 결정요인에
관한 구조모형

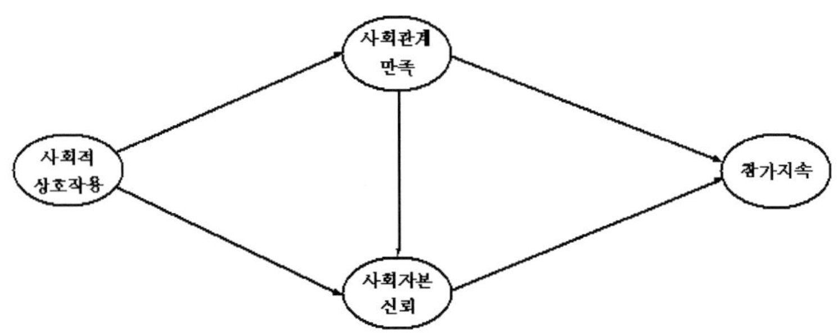

〈그림 Ⅲ-4〉에 제시된 바와 같이, 사회적 상호작용은 사회관계 만족, 사회자본으로서의 신뢰에 직접적인 영향을 미치는 것으로 가정할 수 있다. 뿐만 아니라, 사회적 상호작용은 사회관계 만족과 사회자본으로서의 신뢰 변수를 통하여 소비행위에 간접적인 영향을 미치고 있음을 가정할 수 있다. 즉 본 연구는 사회적 상호작용→사회관계 만족→사회자본으로서의 신뢰→소비행위로 이어지는 시간적·누적적 구조를 보이고 있음을 가정하고 있다. 본 연구에서 중요한 가정은 사회관계 만족과 사회자본으로서의 신뢰가 사회적 상호작용과 소비행위 변수를 연결해 주는가를 규명하는 것이다.

4. 모형설명

본 연구에서 설정한 상업스포츠 소비행위의 사회적 결정요인에 대한 구조모형과 측정구조의 관계를 도식화한 것이다. 외생 측정변수와 내생 측정변수에 대한 정의는 다음과 같다.

1) 외생변수

【사회적 상호작용】
X1 = 친밀도
X2 = 접촉강도
X3 = 개방성
X4 = 협력정도

2) 내생변수

【사회관계 만족】
Y1 = 지도자만족
Y2 = 직원만족
Y3 = 회원과의 친교만족

【사회자본으로서의 신뢰】
Y4 = 평판신뢰
Y5 = 조직신뢰
Y6 = 일반신뢰

【소비행위】
Y7 = 소비행위 의지

Y8 = 소비행위 가능성

<그림 Ⅲ-5> 상업스포츠 소비행위의 사회적 결정요인에 관한
구조모형의 이론 구조와 측정 구조의 관계

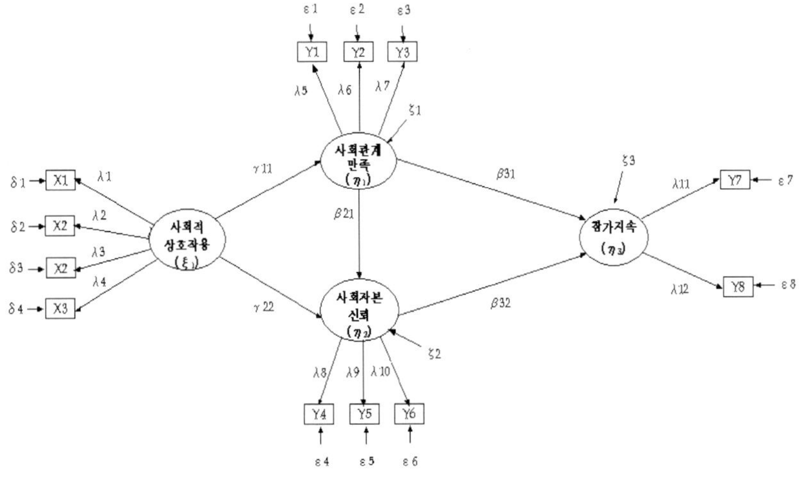

상업스포츠 소비행위의 사회적 결정요인 분석에 관한 구조모형의 측정
구조에 있어서 외생변수(독립 잠재 측정변수) 및 내생변수(종속 잠재 측정
변수)의 정의는 <표 Ⅲ-1>과 같다.

〈표 Ⅲ-1〉 모형의 설명

구 분	이론변수	측정변수
외생변수	사회적 상호작용	• 친밀도: 주관적 감정의 거리나 유대 정도 • 접촉강도: 운동과 관련된 의사소통 정도 • 개방성: 운동과 관련된 대화의 깊이 정도 • 협력정도: 운동과 관련된 물질적·정보적·정서적 지지 정도
내생변수	사회관계 만족	• 지도자만족: 지도자와의 관계 만족 • 직원만족: 직원과의 관계 만족 • 회원과의 친교만족: 다른 회원과의 대인관계 만족
	사회자본으로서의 신뢰	• 평판신뢰: 사회적 유명도나 주위의 좋은 평가에 대한 신뢰 • 조직신뢰: 상업스포츠 조직에 대한 신뢰 • 일반신뢰: 지도자·직원이 제공하는 운동 관련 서비스에 대한 신뢰
	소비행위	• 소비행위 의지: 운동을 지속할 의지 • 소비행위 가능성: 운동을 지속할 가능성

또한 본 연구에서 설정한 상업스포츠 소비행위의 사회적 결정요인에 대한 구조모형에서 이론구조의 측정계수에 대한 정의는 다음과 같다.

$\xi(ksi)1$ = 사회적 상호작용 요인
$\eta(eta)1$ = 사회관계 만족요인
$\eta2$ = 사회자본으로서의 신뢰요인
$\eta3$ = 소비행위 요인

본 연구의 구조모형에서 발생할 수 있는 변수의 오차와 방정식의 오차에 대한 정의는 다음과 같다.

변수의 오차는 잠재변수와 측정변수 간의 측정의 차이를 의미하며, 방정식의 오차는 가설적 예측 오차로서 특정 잠재변수가 다른 잠재변수를 예측하여 설명할 때 발생하는 오차를 의미한다(조선배, 1996).

> δ(delta) = 외생 측정변수의 측정오차
> ε(epsilon) = 내생 측정변수의 측정오차
> ζ(zeta) = 구조등식의 오차

　또한 공변량 구조분석에서는 다음과 같은 특징수(parameter)를 사용하는데 이에 대한 설명은 다음과 같다.

> λ(lambda) = 측정변수와 잠재변수 간의 측정 회귀계수
> γ(gamma) = 외생변수가 내생변수에 미치는 구조모형의 회귀계수
> β(beta) = 내생변수가 다른 내생변수에 미치는 구조모형의 회귀계수

　이와 같은 정의하에서 외생변수(ξ)와 내생변수(η)을 각각 X, Y로 표현한 측정방정식은 다음과 같다.

$$
\begin{vmatrix} X1 \\ X2 \\ X3 \\ X4 \end{vmatrix}
=
\begin{vmatrix} \lambda1 & 0 & 0 & 0 \\ 0 & \lambda2 & 0 & 0 \\ 0 & 0 & \lambda3 & 0 \\ 0 & 0 & 0 & \lambda4 \end{vmatrix}
\begin{vmatrix} \xi1 \end{vmatrix}
+
\begin{vmatrix} \delta1 \\ \delta2 \\ \delta3 \\ \delta4 \end{vmatrix}
$$

$$
\begin{vmatrix} Y1 \\ Y2 \\ Y3 \\ Y4 \\ Y5 \\ Y6 \\ Y7 \\ Y8 \end{vmatrix}
=
\begin{vmatrix} \lambda5 & 0 & 0 \\ \lambda6 & 0 & 0 \\ \lambda7 & 0 & 0 \\ 0 & \lambda8 & 0 \\ 0 & \lambda9 & 0 \\ 0 & \lambda10 & 0 \\ 0 & 0 & \lambda11 \\ 0 & 0 & \lambda12 \end{vmatrix}
\begin{vmatrix} \eta1 \\ \eta2 \\ \eta3 \end{vmatrix}
+
\begin{vmatrix} \varepsilon1 \\ \varepsilon2 \\ \varepsilon3 \\ \varepsilon4 \\ \varepsilon5 \\ \varepsilon6 \\ \varepsilon7 \\ \varepsilon8 \end{vmatrix}
$$

66

$$\begin{vmatrix} \eta_1 \\ \eta_2 \\ \eta_3 \end{vmatrix} = \begin{vmatrix} 0 & 0 & 0 \\ \beta_{21} & 0 & 0 \\ \beta_{31} & \beta_{22} & 0 \end{vmatrix} \begin{vmatrix} \eta_1 \\ \eta_2 \\ \eta_3 \end{vmatrix} + \begin{vmatrix} \gamma_{11} & 0 & 0 \\ \gamma_{21} & 0 & 0 \\ 0 & 0 & 0 \end{vmatrix} |\xi_1| + \begin{vmatrix} \zeta_1 \\ \zeta_2 \\ \zeta_3 \end{vmatrix}$$

이론변수는 실제로 직접 관찰되는 것이 아니므로 계산상에 필요한 어떤 조치가 필요하다. 따라서 내생변수 각각에 척도를 부여하기 위하여 내생변수의 척도를 어느 한 특정변수의 척도에 일치시키면 $\lambda_1 = \lambda_4 = \lambda_7 = 1.0$이 되며 외생변수의 각 척도를 어느 한 특정변수의 척도에 일치시키면 $\lambda_1 = 1.0$이 된다.

〈그림 Ⅲ-6〉 구조모형의 측정 매트릭스(matrix)

Lamda Y(λY)

1	1.0		
2	λ		
3	λ		
4		1.0	
5		λ	
6		λ	
7			1.0
8			λ

Theta Epsilon(θ ε)

1	θ							
2		θ						
3			θ					
4				θ				
5					θ			
6						θ		
7							θ	
8								θ

Lamda X(λX)

1	1.0
2	λ
3	λ
4	λ

Theta Delta(θ δ)

1	θ			
2		θ		
3			θ	
4				θ

〈그림 Ⅲ-7〉 구조모형의 이론 매트릭스(matrix)

Gamma(γ)   Beta(β)

	ξ1
η1	γ11
η2	γ21
η3	

	η1	η2	η3
η1			
η2	β21		
η3	β31	β32	

한편, 자료 입력 시에는 측정모형과 이론모형에 대한 도형을 직접 그리지 못하므로 〈그림 Ⅲ-6, 7〉과 같이 특징수 matrix를 입력한다. 〈그림 Ⅲ-6〉은 측정모형에 대한 matrix로서 내생변수→외생 측정변수인 matrix(LY matrix), 내생 측정변수 오차의 변량/공변량 matrix(TE matrix), 외생변수→외생 측정변수 matrix(LX matrix), 외생 측정변수 오차의 변량/공변량 matrix(TD matrix)를 나타내고, 〈그림 Ⅲ-7〉은 이론모형에 대한 matrix로서 외생변수→내생변수 matrix(GA matrix), 내생변수 간 matrix(BE matrix), 외생변수의 변량/공변량 matrix(PH matrix), 잔차변수의 변량/공변량 matrix(PS matrix)를 보여주고 있다.

5. 연구가설

상업스포츠 소비행위의 사회적 결정요인을 분석하기 위하여 본 연구에서는 다음과 같은 가설을 설정하고 이를 검증하고자 한다.

가설 Ⅰ. 사회인구학적 특성에 따라 사회적 상호작용, 사회관계 만족, 사회자본으로서의 신뢰 그리고 소비행위는 차이가 있을 것이다.

　Ⅰ-1. 사회인구학적 특성에 따라 사회적 상호작용은 차이가 있을 것이다.

Ⅰ-2. 사회인구학적 특성에 따라 사회관계 만족은 차이가 있을 것이다.

Ⅰ-3. 사회인구학적 특성에 따라 사회자본으로서의 신뢰는 차이가 있을 것이다.

Ⅰ-4. 사회인구학적 특성에 따라 소비행위는 차이가 있을 것이다.

가설 Ⅱ. 사회적 상호작용은 사회관계 만족 및 사회자본으로서의 신뢰에 영향을 미칠 것이다.

Ⅱ-1. 사회적 상호작용은 사회관계 만족에 영향을 미칠 것이다.

Ⅱ-1-1. 사회적 상호작용은 지도자만족에 영향을 미칠 것이다.

Ⅱ-1-2. 사회적 상호작용은 직원만족에 영향을 미칠 것이다.

Ⅱ-1-3. 사회적 상호작용은 회원과의 친교만족에 영향을 미칠 것이다.

Ⅱ-2. 사회적 상호작용은 사회자본으로서의 신뢰에 영향을 미칠 것이다.

Ⅱ-2-1. 사회적 상호작용은 평판신뢰에 영향을 미칠 것이다.

Ⅱ-2-2. 사회적 상호작용은 조직신뢰에 영향을 미칠 것이다.

Ⅱ-2-3. 사회적 상호작용은 일반신뢰에 영향을 미칠 것이다.

가설 Ⅲ. 사회관계 만족은 사회자본으로서의 신뢰 및 소비행위에 영향을 미칠 것이다.

Ⅲ-1. 사회관계 만족은 사회자본으로서의 신뢰에 영향을 미칠 것이다.

Ⅲ-1-1. 사회관계 만족은 평판신뢰에 영향을 미칠 것이다.

Ⅲ-1-2. 사회관계 만족은 조직신뢰에 영향을 미칠 것이다.

Ⅲ-1-3. 사회관계 만족은 일반신뢰에 영향을 미칠 것이다.

Ⅲ-2. 사회관계 만족은 소비행위에 영향을 미칠 것이다.

Ⅲ-2-1. 사회관계 만족은 소비행위 가능성에 영향을 미칠 것이다.

Ⅲ-2-2. 사회관계 만족은 소비행위 의지에 영향을 미칠 것이다.

가설 Ⅳ. 사회자본으로서의 신뢰는 소비행위에 영향을 미칠 것이다.

Ⅳ-1. 사회자본으로서의 신뢰는 소비행위 가능성에 영향을 미칠 것이다.

Ⅳ-2. 사회자본으로서의 신뢰는 소비행위 의지에 영향을 미칠 것이다.

가설 Ⅴ. 사회적 상호작용은 사회관계 만족, 사회자본으로서의 신뢰 그
리고 소비행위에 인과적 영향을 미칠 것이다.

Ⅳ. 연구방법

본 연구는 상업스포츠 소비행위의 사회적 결정요인을 밝혀내고자 한다. 다시 말해, 본 연구는 상업스포츠 참가자의 사회인구학적 특성에 따른 사회적 상호작용, 사회관계 만족, 사회자본으로서의 신뢰 그리고 소비행위의 차이를 비교·분석한 다음, 사회적 상호작용이 사회관계 만족 및 사회자본으로서의 신뢰에 미치는 영향과 사회관계 만족이 사회자본으로서의 신뢰에 미치는 영향 그리고 사회자본으로서의 신뢰가 소비행위에 미치는 영향을 규명하고, 나아가 모형의 적합도를 검증하는 것이 주된 목적이다.

이와 같은 연구목적을 달성하기 위해 본 연구에서는 연구대상, 측정도구, 설문지의 타당도 및 신뢰도, 조사절차 및 자료처리 등의 연구방법을 활용하고자 한다.

1. 연구대상

본 연구는 2003년 서울 소재 상업스포츠센터에 다니고 있는 회원을 모집단으로 선정한 다음 집락무선표집법(cluster random sampling method)을 이용하여 표본을 추출하였다. 표본의 추출절차는 서울 소재 스포츠센터를 한강을 기준으로 강남·강북·강동·강서로 사분하여 일련의 번호를 부여한 뒤 난수표를 이용하여 각 지역에서 2개의 스포츠센터가 선정되도록 총 8개의 스포츠센터를 추출하였다. 추출된 스포츠센터에서는 성비를 고려하여 각 스포츠센터에서 100명씩 총 800명을 표집하였다. 설문지 중 응답이 불성실한 자료를 제외하고 최종 분석에 사용된 사례수는 713명이었다.

〈표 Ⅳ-1〉은 조사대상자의 일반적 특성을 나타낸 것이다.

〈표 Ⅳ-1〉 조사대상자의 일반적 특성

구 분		사례수(n)	백분율(%)
전 체		713	100
성	남 자	385	54.0
	여 자	328	46.0
연 령	19세 이하	24	3.4
	20대	243	34.1
	30대	269	37.7
	40대	149	20.9
	50대 이상	28	3.9
교육수준	고졸 이하	147	20.6
	대 졸	461	64.7
	대학원 이상	105	14.7
직 업	판매·서비스직	107	15.0
	사무·기술직	74	10.3
	경영·관리직	72	10.1
	전문·자유직	187	26.2
	가정주부	112	15.7
	학 생	93	13.1
	기 타	68	9.6
가계수입	100만 원 이하	154	21.6
	100-200만 원	159	22.3
	200-300만 원	183	25.7
	300-400만 원	92	12.9
	400-500만 원	69	9.7
	500만 원 이상	56	7.9
결 혼	기 혼	442	62.0
	미 혼	271	38.0

2. 측정도구

상업스포츠 소비행위의 사회적 결정요인을 분석하기 위하여 본 연구에서 사용한 도구는 설문지이다. 설문지는 크게 조사대상자의 사회인구학적 특성 요인, 사회적 상호작용 요인, 사회관계 만족요인, 사회자본으로서의 신뢰요인, 소비행위 요인으로 구성된다.

〈표 Ⅳ-2〉는 설문지의 구성을 나타낸 것이다.

〈표 Ⅳ-2〉 설문지의 구성

변 수	하위요인	문항수
사회인구학적 특성	성, 연령, 학력, 직업, 가계수입, 결혼	6
사회적 상호작용	친밀도, 접촉강도, 개방성, 협력정도	24
사회관계 만족	지도자만족, 직원만족, 회원과의 친교만족	4
사회자본으로서의 신뢰	평판신뢰, 조직신뢰, 일반신뢰	3
소비행위	소비행위 의지, 가능성	2
총		39

1) 사회인구학적 특성 요인

상업스포츠 참가자의 사회인구학적 특성을 파악하기 위하여 본 연구에서는 성, 연령, 학력, 수입, 직업, 결혼 등 총 6개 문항을 질문하였다. 성은 '남자(1)', '여자(2)'를 부여하였다. 연령은 개방형 척도로서 만 몇 세로 측정하였다. 학력은 '무학(1점)'에서 '대학원 이상(6점)'까지 6단계로 측정하였다. 직업은 강신복 외(2000)의 '국민생활체육참여실태조사'에서 사용된 직업 분류표를 토대로 구성하며, '판매·서비스직', '사무·기술직', '경영·

관리직', '전문·자유직', '가정주부', '학생', '기타' 등으로 구성하였다. 가계 수입은 직접 기입하는 개방형 척도로 측정하였다. 결혼은 '기혼'과 '미혼'으로 이분하였다. 본 연구에서 사용한 사회인구학적 특성 문항은 이미 여러 선행연구(김동진, 1988: 박진경, 1994: 채재성, 1998: 이홍구, 1998)에서 사용된 것이다.

2) 사회적 상호작용 요인

사회적 행위로서의 상호작용 설문지는 Mittal과 Lassar(1996), Solomon과 Czeipei(1985)의 인간적 밀착도, Mitchell과 Tricket(1980), 이효재(1971), 최재석(1982)의 사회적 연결망 및 사회적 지지 연구를 토대로 본 연구의 성격에 맞게 재구성하였다. 사회적 상호작용 설문지는 생활체육 지도자나 직원과 참가자들 간의 상호작용으로, 친밀도·접촉강도·개방성·협력정도로 총 24개 문항으로 구성하였다. 사회적 상호작용 척도는 '매우 그렇지 않다(1점)'에서 '매우 그렇다(5점)'까지 리커트 척도로 구성하며, 분석 시에는 각 측정변수에 해당되는 항목을 복합지수화(compute)하여 평균지표로 변환·사용하였다.

3) 사회관계 만족 요인

사회관계 만족 설문지는 정영린(1997), 김경식(1997, 2002) 그리고 김양종(2002) 등에 의해 사용된 것이다. 사회관계 만족 척도는 지도자, 직원, 회원과의 친교만족으로 구성되어 있다. 지도자만족은 지도자와의 관계 및 지도방법 등의 만족을 알아보는 2개 문항으로 측정하였다. 직원만족은 직원과의 관계 만족 1개 문항으로 측정하였다. 회원과의 친교만족은 다른 회원과의 대인관계에 의한 만족으로 1개 문항으로 측정하였다. 이 척도는 '매우 그렇지 않다(1점)'에서 '매우 그렇다(5점)'까지 리커트 척도로 구성된다.

4) 사회자본으로서의 신뢰 요인

사회자본으로서의 신뢰 설문지는 박정은·이성호·채서일(1999), 김왕배·이경용(2002) 등에 의해 사용된 것이다. 이 설문지는 상업스포츠 소비행위의 사회적 결정요인에 관한 연구에 적합하게 재구성하였다. 사회자본으로서의 신뢰는 평판신뢰, 조직신뢰 그리고 일반신뢰로 구성되어 있다. 평판신뢰는 사회적 유명도나 주위의 좋은 평가에 의한 신뢰이며, 조직신뢰는 상업스포츠조직에 대한 전반적인 믿음이며, 그리고 조직신뢰는 지도자·직원에 대한 신뢰를 의미한다. 신뢰 척도는 '매우 그렇지 않다(1점)'에서 '매우 그렇다(5점)'까지 리커트 척도로 구성된다.

5) 소비행위 요인

소비행위 설문지는 김홍설(1999), 서희진(2001), 임번장·김경식(2002) 등의 연구에서 사용된 재관람의사와 미래 상호작용 기대를 토대로 구성한 것이다. 소비행위 설문지는 소비행위 의지와 가능성으로 측정하였다. 소비행위 의사는 소비행위 의지와 가능성 2개 문항으로 측정하였다. 소비행위 척도는 '매우 그렇지 않다(1점)'에서 '매우 그렇다(5점)'까지 리커트 척도로 구성된다.

3. 설문지의 타당도 및 신뢰도

1) 설문지의 타당도

타당도는 측정하고자 하는 개념이나 속성을 정확히 측정하고 있는가를 의미한다. 즉, 특정 개념이나 속성을 측정하기 위해서 개발된 측정도구가 해당 속성을 정확히 반영하고 있는가와 관련된 문제이다. 그렇기 때문에 설문지의 타당도 검증은 연구방법에서 매우 중요한 작업이라 할 수 있다 (김경식, 2005). 본 연구에서 사용한 〈상업스포츠 소비행위의 사회적 결정 요인 분석〉 설문지는 전문가회의와 예비검사를 통하여 타당도를 검증하였 다. 먼저 예비조사에 앞서 이 연구에서는 스포츠사회학 분야의 석사 및 박 사학위 소지자를 중심으로 전문가 회의를 구성하여 사전에 작성한 설문지 에 대해 검토 및 논평을 요청한 후 내용 타당도 및 문항의 적합성 여부를 논의하였다.

그 다음 단계에서는 두 차례의 예비조사를 다음과 같이 실시하였다. 첫 번째 예비조사에서는 상업스포츠시설에 가입된 참가자 50여 명을 대상으로 한 문항씩 설명한 다음, 조사대상에게 설문지 응답 시 의미가 통하지 않거 나 이해하기에 어려움이 있는 단어나 문장, 혹은 내용을 지적하도록 요구 하여 지적된 사항을 두 번째 예비검사 설문지 개정 시 반영·수정하였다. 두 번째 예비검사는 다시 보완된 설문지를 가지고 상업스포츠시설에 가입 된 고객 50명을 대상으로 실시하였다.

예비검사를 통해 수집된 자료를 토대로 본 연구에서는 탐색적 요인분석 (exploratory factor analysis)과 확인적 요인분석(confirmatory factor analysis) 을 이용하여 최종 타당도를 검증하였다. 〈표 Ⅳ-3〉은 사회적 상호작용 설문지 에 대한 탐색적 요인분석결과를 나타내고 있다.

〈표 Ⅳ-3〉에 제시된 바와 같이, 사회적 상호작용은 4개의 다차원적 하위 개념(multidimensional subfactor)으로 구성되었다. 요인 Ⅰ은 문항(X1)에 서 문항(X8)까지 8개 문항으로 구성되었으며, '개방성'으로 명명하였다. 요 인 Ⅱ는 문항(X9)에서 문항(X13)까지 5개 문항으로 구성되었으며, '접촉강 도'로 명명하였다. 요인 Ⅲ은 문항(X14)에서 문항(X18)까지 5개 문항으로 구성되었으며, '친밀도'로 명명하였다. 요인 Ⅳ는 문항(X19)에서 문항(X23) 까지 5개 문항으로 구성되었으며, '협력정도'로 명명하였다.

〈표 Ⅳ-3〉 사회적 상호작용 설문지에 대한 요인분석결과

문 항	사회적 상호작용			
	요인 Ⅰ	요인 Ⅱ	요인 Ⅲ	요인 Ⅳ
X1	.702	.178	.350	.188
X2	.698	.207	.269	.202
X3	.696	.219	.159	.165
X4	.645	.163	.272	.273
X5	.609	.332	---	---
X6	.605	---	.333	.365
X7	.576	.332	---	---
X8	.546	.201	---	.376
X9	.229	.748	---	---
X10	.301	.701	.279	---
X11	.229	.698	.283	---
X12	.172	.690	.255	---
X13	.178	.688	.107	.263
X14	.231	.180	.738	.201
X15	.156	.172	.713	.330
X16	.212	.211	.710	.269
X17	.260	.161	.660	.324
X18	.227	.373	.630	.124
X19	.269	---	.128	.734
X20	.295	---	.225	.698
X21	---	.131	.377	.672
X22	.324	---	.298	.652
X23	.168	.426	.148	.573
Rotation Sums of Squared Loadings Total	4.096	3.506	3.424	3.419
% of Variance	17.065	14.610	14.267	14.246
Cumulative %	17.065	31.676	45.943	60.189

2) 설문지의 신뢰도

설문지의 신뢰도는 설문지 또는 측정도구의 정확성, 일치성과 안정성, 예측 가능성을 나타내는 준거이다. 신뢰도분석(reliability analysis)은 동일한 개념

을 독립된 측정방법으로 측정한 경우 어느 정도 비슷한 결과를 얻을 수 있는 가를 분석하는데 사용되는 기법이다(김경식, 2005). 설문지의 신뢰도는 예비 검사에서 수집된 자료를 중심으로 분석하였다. 본 연구에서 사용한 설문지는 신뢰도 분석(reliability analysis)을 통해 Cronbach'α 방법을 이용하여 신뢰도 를 검증하였다. 〈표 Ⅳ-4〉는 본 연구에서 사용한 설문지의 신뢰도 분석결과 를 나타내고 있다.

〈표 Ⅳ-4〉 설문지에 대한 신뢰도 분석결과

변 수	하위요인	Cronbach'α
사회적 상호작용	친밀도	.878
	접촉 정도	.844
	개방성	.864
	협력정도	.840
사회관계 만족	지도자·직원·회원과의 친교만족	.787
사회자본으로서의 신뢰	평판신뢰, 조직신뢰, 일반신뢰	.809
소비행위	소비행위 의지 소비행위 가능성	.847

〈표 Ⅳ-4〉에 제시된 바와 같이, 사회적 상호작용의 신뢰도 계수는 α =.840∼.915로 나타났다. 사회관계 만족의 신뢰도 계수는 α=.787로 나타났 다. 사회자본으로서의 신뢰의 신뢰도 계수는 α=.809로 나타났다. 그리고 소비행위의 신뢰도 계수는 α=.847로 나타났다. 이러한 결과는 상업스포츠 소비행위의 사회적 결정요인 분석을 규명하기 위하여 사용된 설문지의 신 뢰도가 비교적 양호하게 나타나고 있음을 알 수 있다.

4. 조사절차 및 자료처리

1) 조사절차

본 연구에서는 설문지를 스포츠센터 회원에게 배부한 다음, 자기평가 기입법(self-administration method)으로 설문내용에 대하여 응답하도록 하고 완성된 설문지를 회수하였다. 설문 조사는 본 연구자를 포함하여 사전에 설문지에 관하여 교육을 받은 보조 조사원 10명이 선정된 상업스포츠센터를 방문하여 경영자나 관리자의 협조를 받은 다음 실시하였다.

2) 자료처리

본 연구에서는 설문지의 응답결과를 기입한 자료를 회수한 후 응답 내용이 부실하거나 신뢰성이 없다고 판단되는 자료와 극단치(outlier)를 분석대상에서 제외하였다. 입력된 자료는 SPSSWIN 11.0과 AMOS 4.0 프로그램을 활용하여 자료분석의 목적에 따라 전산처리 하였다. 자료분석을 위해 본 연구에서 사용한 통계기법은 신뢰도분석, 요인분석, 상관분석, 중다회귀분석, 경로분석 등이다.

보다 구체적인 자료처리 방법은 다음과 같다.

첫째, 사회인구학적 특성에 따라 사회적 상호작용, 사회관계 만족, 사회자본으로서의 신뢰 그리고 소비행위의 차이를 규명하기 위해 t 검증, 일원변량분석을 실시하였다.

둘째, 사회적 상호작용이 사회관계 만족과 사회자본으로서의 신뢰에 미치는 영향을 규명하기 위하여 중다회귀분석을 실시하였다.

셋째, 사회관계 만족이 사회자본으로서의 신뢰와 소비행위에 미치는 영향을 규명하기 위하여 중다회귀분석을 실시하였다.

넷째, 사회자본으로서의 신뢰가 소비행위에 미치는 영향을 규명하기 위하여 중다회귀분석을 실시하였다.

다섯째, 사회적 상호작용, 사회관계 만족, 사회자본으로서의 신뢰 그리고 소비행위 간의 인과관계를 규명하기 위하여 공변량 구조분석을 실시하였다.

V. 결 과

본 연구에서는 상업스포츠 소비행위의 사회적 결정요인을 알아보기 위하여 연구가설을 중심으로 첫째, 사회인구학적 특성과 사회적 상호작용, 사회관계 만족, 사회자본으로서의 신뢰 그리고 소비행위의 관계, 둘째, 사회적 상호작용과 사회관계 만족, 사회자본으로서의 신뢰 그리고 소비행위의 관계, 셋째, 사회관계 만족과 사회자본으로서의 신뢰, 소비행위의 관계, 넷째, 사회자본으로서의 신뢰와 소비행위의 관계, 다섯째, 사회적 상호작용과 사회관계 만족, 사회자본으로서의 신뢰 그리고 소비행위의 인과관계를 규명하였다. 구체적인 분석결과는 다음과 같다.

1. 사회인구학적 특성과 사회적 상호작용, 사회관계 만족, 사회자본으로서의 신뢰 그리고 소비행위

상업스포츠 소비행위의 사회적 결정요인을 규명하기에 앞서 이 연구에서는 상업스포츠 참가자의 사회인구학적 특성에 따른 사회적 결정요인의 평균 차이를 알아보고자 한다. 이는 상업스포츠 참가자의 일반적 특성과 경향을 파악하는 데 초점을 두고 있다.

1) 사회인구학적 특성과 사회적 상호작용

본 연구의 가설 Ⅰ-1은 '사회인구학적 특성에 따라 사회적 상호작용은 차이가 있을 것이다'이었다. 이를 검증하기 위하여 본 연구에서는 사회인구학적 특성과 사회적 상호작용 변수를 중심으로 차이검증을 실시하였다.

〈표 Ⅴ-1〉은 사회인구학적 특성에 따른 사회적 상호작용의 차이에 대해 t 검증 및 F 검증을 실시한 결과이다.

〈표 Ⅴ-1〉 사회인구학적 특성에 따른 사회적 상호작용의 차이에 대한
　　　　　 t 검증 및 F 검증

구　분		친밀도	개방성	접촉강도	협력정도	사회적 상호작용
성	남　자(385)	3.196±.694	3.521±.623	3.619±.633	3.153±.766	3.381±.574
	여　자(328)	2.726±.851	3.144±.718	3.349±.674	2.750±.845	3.004±.660
	t값	8.000***	7.422***	5.478***	6.615***	8.062***
연　령	20대(267)	3.006±.761	3.305±.704	3.457±.664	2.954±.767	3.185±.636
	30대(269)	2.994±.831	3.372±.662	3.480±.672	2.995±.866	3.230±.639
	40대 이상(177)	2.918±.828	3.374±.725	3.572±.655	2.946±.860	3.208±.661
	F값	.705	.803	1.686	.246	.340
학　력	고 졸 이 하(147)	2.903±.819	3.400±.754	3.495±.737	3.051±.867	3.222±.701
	대　　졸(461)	2.983±.804	3.322±.693	3.473±.652	2.941±.816	3.188±.637
	대학원 이상(105)	3.074±.784	3.383±.603	3.588±.612	2.966±.822	3.272±.582
	F값	1.392	.867	1.291	.970	.763
가계수입	150만 원 이하(210)	2.900±.876	3.287±.794	3.477±.792	2.876±.809	3.135±.700
	150-250만 원(182)	3.094±.739	3.410±.633	3.570±.541	3.146±.718	3.305±.535
	250-350만 원(133)	3.090±.837	3.498±.642	3.630± .655	3.096±.759	3.329±.563
	350-450만 원(68)	2.750±.965	3.244±.734	3.426±.734	2.727±.947	3.037±.744
	450만 원 이상(120)	2.951±.807	3.266±.731	3.533±.658	2.851±.943	3.150±.672
	F값	3.251*	2.961*	1.601	5.734***	4.416**
직　업	판매・서비스직(107)	3.243±.684	3.595±.592	3.595±.592	3.243±.747	3.437±.538
	사무・기술직(74)	2.870±.839	3.527±.662	3.527±.662	2.709±.849	3.121±.639
	경영・관리직(52)	3.283±.678	3.807±.593	3.425±.631	3.269±.788	3.488±.529
	전문・자유직(207)	3.058±.683	3.425±.631	3.366±.805	2.991±.724	3.191±.573
	가 정 주 부(112)	2.446±.952	3.366±.805	3.449±.712	2.617±.955	2.912±.756
	학　　생(93)	2.958±.776	3.449±.712	3.546±.520	3.005±.817	3.197±.700
	기　　타(68)	3.123±.739	3.546±.520	3.807±.593	3.041±.788	3.280±.584
	F값	13.563***	6.959***	3.632**	8.288***	8.799***
결　혼	기　혼(442)	2.933±.829	3.350±.705	3.492±.694	2.967±.856	3.198±.661
	미　혼(271)	3.056±.759	3.343±.676	3.498±.617	2.969±.781	3.224±.612
	t값	-2.027*	.130	-.126	-.033	-.528

* 참고: (　　)는 사례수임. 평균±표준편차. * p<.05　** p<.01　*** p<.001

〈표 V-1〉에 제시된 바와 같이, 성별에 따른 사회적 상호작용의 차이를 보면, 남자가 여자보다 친밀도, 개방성, 접촉강도, 협력정도 등의 사회적 상호작용 정도가 높은 것으로 나타났다.

가계수입에 따른 사회적 상호작용의 차이를 보면 사회적 상호작용은 250-350만 원 집단에서 높은 반면, 350-450만 원 집단에서는 낮게 나타났다. 친밀도와 개방성은 250-350만 원 집단에서 높고, 협력정도는 150-250만 원 집단에서 높게 나타났다.

직업에 따른 사회적 상호작용의 차이를 보면 사회적 상호작용은 경영·관리직 집단에서 높은 반면, 가정주부 집단에서는 낮은 것으로 밝혀졌다. 친밀도와 개방성은 경영·관리직 집단에서 높은 반면, 가정주부는 낮게 나타났다. 접촉강도는 기타가 가장 높은 반면, 전문·자유직 집단에서는 낮게 나타났다. 협력정도는 경영·관리직 집단에서 높은 반면, 가정주부는 낮게 나타났다.

결혼에 따른 사회적 상호작용의 차이를 보면 친밀도는 미혼자가 기혼자에 비해 높은 것으로 나타났다.

사회적 상호작용의 하위요인을 복합지수화(computed)하여 분석한 결과, 사회적 상호작용은 남자·250-350만 원·경영관리직 집단에서 높은 경향을 보였다.

2) 사회인구학적 특성과 사회관계 만족

본 연구의 가설 Ⅰ-2는 '사회인구학적 특성에 따라 사회관계 만족은 차이가 있을 것이다'이었다. 이를 검증하기 위하여 본 연구에서는 사회인구학적 특성과 사회관계 만족변수를 중심으로 차이검증을 실시하였다.

〈표 V-2〉는 사회인구학적 특성에 따른 사회관계 만족의 차이에 대해 t 검증 및 F 검증을 실시한 결과이다.

〈표 Ⅴ-2〉 사회인구학적 특성에 따른 사회관계 만족의 차이에 대한 t
검증 및 F 검증

구　분		지도자만족	인적 만족	회원과의 친교만족	사회관계 만족
성	남　자(385)	3.785±.747	3.659±.839	3.574±.887	3.673±.680
	여　자(328)	3.628±.695	3.463±.834	3.353±.896	3.481±.643
	t값	2.915**	3.123**	3.287**	3.855***
연　령	20대(267)	3.662±.699	3.539±.922	3.438±.875	3.546±.686
	30대(269)	3.732±.770	3.624±.765	3.546±.886	3.634±.671
	40대 이상(177)	3.759±.701	3.531±.825	3.412±.944	3.567±.643
	F값	1.095	.930	1.507	1.224
학　력	고 졸 이 하(147)	3.704±.773	3.598±.941	3.381±.835	3.561±.756
	대　　졸(461)	3.718±.712	3.555±.804	3.498±.827	3.590±.636
	대학원 이상(105)	3.704±.732	3.590±.862	3.485±.981	3.593±.691
	F값	.029	.186	.975	.118
가계 수입	150만 원 이하(210)	3.738±.750	3.614±.942	3.357±.983	3.569±.729
	150-250만 원(182)	3.648±.745	3.576±.822	3.560±.830	3.595±.647
	250-350만 원(133)	3.789±.739	3.609±.842	3.654±.870	3.684±.668
	350-450만 원(68)	3.683±.604	3.500±.722	3.529±.742	3.571±.557
	450만 원 이상(120)	3.700±.714	3.475±.744	3.308±.905	3.494±.652
	F값	.825	.718	3.795**	1.323
직　업	판매·서비스직(107)	3.864±.702	3.738±.731	3.729±.819	3.777±.607
	사무·기술직(74)	3.763±.626	3.567±.759	3.554±.829	3.628±.610
	경영·관리직(52)	3.875±.726	3.653±.926	3.615±.932	3.714±.682
	전문·자유직(207)	3.550±.742	3.458±.834	3.381±.850	3.463±.647
	가 정 주 부(112)	3.745±.732	3.473±.837	3.303±.966	3.507±.665
	학　　생(93)	3.801±.699	3.741±.845	3.430±.925	3.657±.683
	기　　타(68)	3.617±.773	3.500±.984	3.485±.969	3.534±.792
	F값	3.508**	2.398*	2.873**	3.544***
결　혼	기. 혼(442)	3.738±.747	3.529±8.49	3.463±.923	3.577±.674
	미　혼(271)	3.671±.693	3.634±.827	3.487±.855	3.597±.664
	t값	1.217	-1.633	-.342	-.397

* 참고: (　)는 사례수임. 평균±표준편차. * p<.05　** p<.01　*** p<.001

〈표 Ⅴ-2〉에 제시된 바와 같이, 성별에 따른 사회관계 만족의 차이를 보면, 사회관계 만족은 남자가 여자보다 높은 것으로 밝혀졌다. 구체적으로 남자는 여자보다 지도자만족·직원만족·회원과의 친교만족이 높게 나타났다.

가계수입에 따른 사회관계 만족의 차이를 보면, 회원과의 친교만족은 250-350만 원 집단에서 높은 반면, 450만 원 이상 집단에서 낮은 것으로 나타났다.

직업에 따른 사회관계 만족의 차이를 보면 사회관계 만족은 판매·서비스직 집단에서 높은 반면, 전문·자유직 집단에서는 낮은 것으로 나타났다. 지도자만족은 경영·관리직 집단에서 높은 반면, 전문·자유직 집단에서는 낮은 것으로 나타났다. 직원만족은 학생 집단에서 높은 반면, 전문·자유직 집단에서는 낮은 것으로 나타났다. 그리고 회원과의 친교만족은 판매·서비스직 집단에서 높은 반면, 전문·자유직 집단에서는 낮은 것으로 나타났다.

사회관계 만족의 하위요인을 복합지수화하여 분석한 결과, 사회관계 만족은 남자·판매서비스직 집단에서 높은 경향을 보였다. 상업스포츠 참가자의 전반적인 만족을 향상시키기 위해서는 지도자·직원이 사회관계 만족이 낮은 참가자를 대상으로 하여 상호작용의 강도를 높이고 사회관계를 개선시켜야 할 것이다.

3) 사회인구학적 특성과 사회자본으로서의 신뢰

본 연구의 가설 Ⅰ-3은 '사회인구학적 특성에 따라 사회자본으로서의 신뢰는 차이가 있을 것이다'이었다. 이를 검증하기 위하여 본 연구에서는 사회인구학적 특성과 사회자본으로서의 신뢰변수를 중심으로 차이검증을 실시하였다.

〈표 Ⅴ-3〉은 사회인구학적 특성에 따른 사회자본으로서의 신뢰의 차이에 대해 t 검증 및 F 검증을 실시한 결과이다.

〈표 Ⅴ-3〉 사회인구학적 특성에 따른 사회자본으로서의 신뢰의 차이에
　　　　　대한 t 검증 및 F 검증

구　분		평판신뢰	조직신뢰	일반신뢰	사회자본으로서의 신뢰
성	남　자(385)	3.961±.751	3.902±.728	3.863±.812	3.907±.656
	여　자(328)	3.720±.846	3.791±.780	3.722±.892	3.741±.706
	t값	3.999***	2.063*	2.139*	3.220**
연　령	20대(267)	3.751±.809	3.780±.751	3.684±.827	3.736±.654
	30대(269)	3.851±.811	3.830±.738	3.773±.896	3.817±.699
	40대 이상(177)	4.002±.769	3.992±.769	3.992±.787	3.994±.680
	F값	5.239**	4.320*	7.429**	7.776***
학　력	고 졸 이 하(147)	3.801±.926	3.881±.888	3.794±.974	3.825±.797
	대　　졸(461)	3.841±.779	3.843±.709	3.763±.837	3.810±.663
	대학원 이상(105)	3.972±.727	3.875±.748	3.952±.712	3.930±.593
	F값	1.509	.267	2.209	1.313
가계수입	150만 원 이하(210)	3.696±.900	3.775±.846	3.654±.933	3.700±.764
	150-250만 원(182)	3.855±.693	3.778±.680	3.762±.839	3.794±.633
	250-350만 원(133)	4.028±.788	3.964±.722	3.966±.763	3.979±.637
	350-450만 원(68)	3.872±.621	3.904±.650	3.999±.819	3.916±.544
	450만 원 이상(120)	3.949±.853	3.962±.760	3.812±.792	3.902±.694
	F값	4.054**	2.540*	2.754**	4.299**
직　업	판매・서비스직(107)	4.071±.663	4.003±.777	3.900±.835	3.987±.663
	사무・기술직(74)	3.891±.869	3.962±.748	3.922±.754	3.923±.679
	경영・관리직(52)	4.021±.610	4.061±.639	3.941±.777	4.006±.606
	전문・자유직(207)	3.812±.709	3.706±.622	3.721±.792	3.744±.596
	가 정 주 부(112)	3.673±.943	3.842±.896	3.762±.784	3.756±.838
	학　　생(93)	3.762±.865	3.871±.769	3.671±.812	3.767±.691
	기　　타(68)	3.874±.929	3.791±.821	3.823±.809	3.828±.689
	F값	2.944**	3.204**	1.415	2.682*
결　혼	기　혼(442)	3.891±.805	3.891±.763	3.866±.897	3.878±.708
	미　혼(271)	3.792±.802	3.781±.736	3.694±.764	3.754±.637
	t값	1.665	1.895	2.562*	2.428*

* 참고: (　)는 사례수임. 평균±표준편차. * p<.05　** p<.01　*** p<.001

〈표 Ⅴ-3〉에 제시된 바와 같이, 사회자본으로서의 신뢰는 남자가 여자보다 높은 것으로 밝혀졌다. 구체적으로 남자는 여자보다 평판신뢰·조직신뢰·일반신뢰가 높게 나타났다. 연령에 따른 신뢰의 차이를 보면 신뢰는 연령이 많을수록 높은 것으로 밝혀졌다. 평판신뢰·조직신뢰 그리고 일반신뢰는 40대 이상 집단에서 높은 반면, 20대 집단에서는 낮은 경향을 보이고 있다. 가계수입에 따른 신뢰의 차이를 보면 신뢰는 250-350만 원 집단에서 높은 반면, 150만 원 이하 집단에서 낮은 것으로 나타났다. 평판신뢰와 조직신뢰는 250-350만 원 집단에서 가장 높은 반면, 150만 원 이하 집단에서는 낮게 나타나고 있다. 일반신뢰는 350-450만 원 집단에서 가장 높은 반면, 150만 원 이하 집단에서는 낮은 것으로 나타났다. 다시 말해, 250-350만 원 집단을 제외하고는 가계수입이 많을수록 평판신뢰·조직신뢰 그리고 일반신뢰는 높다.

직업에 따른 신뢰의 차이를 보면 신뢰는 경영·관리직 집단에서 높은 반면, 전문·자유직 집단에서는 낮은 것으로 밝혀졌다. 평판신뢰는 판매·서비스직 집단에서 높은 반면, 가정주부 집단에서는 낮은 것으로 나타났다. 조직신뢰는 경영·관리직 집단에서 높은 반면, 전문·자유직 집단에서는 낮게 나타났다. 결혼에 따른 신뢰의 차이를 보면 신뢰는 기혼자가 미혼자에 비해 높은 경향을 보였다. 일반신뢰는 기혼자가 미혼자보다 높게 나타났다. 신뢰의 하위요인을 복합지수화하여 분석한 결과, 신뢰는 남자·40대 이상·250-350만 원·경영관리직·기혼집단에서 높은 경향을 보였다.

4) 사회인구학적 특성과 소비행위

본 연구의 가설 Ⅰ-4는 '사회인구학적 특성에 따라 소비행위는 차이가 있을 것이다'이었다. 이를 검증하기 위하여 본 연구에서는 사회인구학적 특성과 소비행위 변수를 중심으로 차이검증을 실시하였다.

〈표 Ⅴ-4〉는 사회인구학적 특성에 따른 소비행위의 차이에 대해 t 검증 및 F 검증을 실시한 결과이다.

〈표 Ⅴ-4〉 사회인구학적 특성에 따른 소비행위의 차이에 대한 t 검증
　　　　 및 F 검증

구 분		소비행위 의지	소비행위 가능성	소비행위
성	남　자(385)	4.081±.747	3.992±.839	4.037±.739
	여　자(328)	3.971±.756	3.881±.768	3.925±.709
	t값	1.911	1.939	2.067*
연　령	20대(267)	3.907±.771	3.859±.801	3.872±.738
	30대(269)	4.096±.763	3.989±.810	4.033±.718
	40대 이상(177)	4.141±.680	4.031±.808	4.084±.706
	F값	6.931**	3.152*	5.512**
학　력	고 졸 이 하(147)	4.012±.754	4.029±.716	4.013±.687
	대　　졸(461)	4.025±.757	3.909±.831	3.961±.739
	대학원 이상(105)	4.121±.730	3.991±.826	4.705±.728
	F값	.950	1.375	.881
가계수입	150만 원 이하(210)	3.965±.808	3.908±.841	3.926±.764
	150-250만 원(182)	4.021±.754	3.886±.832	3.947±.731
	250-350만 원(133)	4.085±.749	3.950±.838	4.015±.743
	350-450만 원(68)	4.074±.555	3.969±.679	4.014±.585
	450만 원 이상(120)	4.106±.749	4.107±.738	4.100±.705
	F값	.986	1.608	1.298
직　업	판매·서비스직(107)	4.159±.711	4.046±.788	4.093±.717
	사무·기술직(74)	4.191±.696	4.111±.786	4.148±.715
	경영·관리직(52)	4.125±.832	4.172±.810	4.144±.775
	전문·자유직(207)	3.901±.738	3.767±.818	3.830±.707
	가 정 주 부(112)	4.091±.754	4.033±.776	4.058±.712
	학　　생(93)	3.969±.765	3.953±.799	3.951±.733
	기　　타(68)	4.006±.792	3.847±.803	3.919±.720
	F값	2.397*	3.730**	3.362**
결혼유무	기혼(442)	4.076±.761	3.989±.818	4.020±.729
	미혼(271)	3.975±7.37	3.898±.792	3.929±.721
	t값	1.588	1.447	1.618

＊ 참고: (　　)는 사례수임. 평균±표준편차. ＊ p⟨.05　＊＊ p⟨.01

〈표 Ⅴ-4〉에 제시된 바와 같이, 성별에 따른 소비행위의 차이를 보면 소비행위는 남자가 여자보다 높게 나타나고 있다.

연령에 따른 소비행위의 차이를 보면 소비행위는 연령이 증가할수록 높게 나타나는 것으로 밝혀졌다. 소비행위 의지와 가능성은 40대 이상에서 높은 반면, 20대에서는 낮은 것으로 나타났다.

직업에 따른 소비행위의 차이를 보면 소비행위는 사무·기술직 집단에서 높은 반면, 전문·자유직 집단에서는 낮은 것으로 밝혀졌다. 소비행위 의지는 사무·기술직 집단에서 높은 반면, 전문·자유직 집단에서는 낮게 나타났다. 소비행위 가능성은 경영·관리직 집단에서 높은 반면, 전문·자유직 집단에서는 낮게 나타났다.

소비행위의 하위요인을 복합지수화하여 분석한 결과, 소비행위는 남자·40대 이상·사무기술직 집단에서 높은 경향을 보였다. 이러한 결과는 남자가 여자보다 운동 참가지속 욕구가 더 크며, 특히 40대 이상의 중·장년층에서 운동 참가지속 욕구가 크다는 사실을 반영해 주고 있다. 뿐만 아니라, 직업상 신체활동이 부족한 사무기술직에게 이러한 현상이 두드러지게 나타나고 있음을 알 수 있다.

2. 사회적 상호작용과 사회관계 만족 및 사회자본으로서의 신뢰

본 연구의 가설 Ⅱ는 '사회적 상호작용은 사회관계 만족, 사회자본으로서의 신뢰 그리고 소비행위에 영향을 미칠 것이다'이었다. 이를 검증하기 위하여 본 연구에서는 회귀분석에 투입될 변수 간의 상관분석을 실시하였다.

〈표 Ⅴ-5〉는 회귀분석에 투입된 변수 간의 상관관계를 나타내고 있다.

〈표 Ⅴ-5〉 회귀분석에 투입된 변수 간의 상관관계

구 분	1	2	3	4	5	6	7	8	9	10	11	12
1. 친밀도	1.000											
2. 개방성	.637***	1.000										
3. 접촉강도	.564***	.604***	1.000									
4. 협력정도	.676***	.656***	.472***	1.000								
5. 지도자만족	.219***	.386***	.420***	.180***	1.000							
6. 직원만족	.301***	.404***	.425***	.229***	.565***	1.000						
7. 대인만족	.293***	.398***	.319***	.333***	.402***	.517***	1.000					
8. 평판신뢰	.273***	.400***	.384***	.307***	.343***	.346***	.330***	1.000				
9. 조직신뢰	.210***	.407***	.438***	.206***	.459***	.440***	.393***	.655***	1.000			
10. 일반신뢰	.205***	.374***	.371***	.187***	.389***	.328***	.298***	.510***	.608***	1.000		
11. 지속가능성	.090*	.243***	.354***	.011	.433***	.398***	.265***	.416***	.454***	.385***	1.000	
12. 지속의지	.113**	.299***	.379***	.092*	.456***	.398***	.307***	.416***	.527***	.423***	.737***	1.000

* p<.05 ** p<.01 *** p<.001

〈표 Ⅴ-5〉에 제시된 바와 같이, 친밀도·개방성·접촉강도·협력정도는 지도자만족·직원만족·회원과의 친교만족과 매우 유의한 상관관계가 있는 것으로 나타났다. 친밀도·개방성·접촉강도·협력정도는 평판신뢰·조직신뢰·일반신뢰와 매우 유의한 상관관계를 보이고 있다. 친밀도·개방성·접촉강도는 소비행위 가능성 및 소비행위 의지와 유의한 상관관계를 보이고 있다. 협력정도는 소비행위 의지와 유의한 상관관계를 보이고 있다.

지도자만족·직원만족·회원과의 친교만족은 평판신뢰·조직신뢰·일반신뢰와 유의한 상관관계를 보이고 있다. 지도자만족·직원만족·회원과의 친교만족은 소비행위 가능성 및 소비행위 의지와 유의한 상관관계가 있는 것으로 나타났다. 평판신뢰·조직신뢰·일반신뢰는 소비행위 가능성 및 소비행위 의지와 유의한 상관관계를 보이고 있다.

주지하는 바와 같이, 사회적 상호작용, 사회관계 만족, 사회자본으로서의 신뢰 그리고 소비행위 간에는 통계적으로 매우 유의한 상관관계가 존재하고 있다. 그러나 이와 같은 상관관계만으로는 이들 변수 간의 명확한 관계를 파악하기 어려우므로 본 연구에서는 가설을 중심으로 단계별 회귀분석을 실시하기로 하겠다.

본 연구에서 단계별 회귀분석을 실시한 이유는 다음과 같다. 첫째, 독립변수 하위요인 간의 상관관계가 매우 높아 다중공선성의 문제가 있다. 둘째, 소비행위의 결정인자를 밝혀내기 위하여 종속변수에 대한 독립변수의 개별적·상대적인 설명력 도출이 필요하다.

1) 사회적 상호작용과 사회관계 만족

(1) 사회적 상호작용과 지도자만족

본 연구의 가설 Ⅱ-1-1은 '사회적 상호작용은 지도자만족에 영향을 미칠 것이다'이었다. 이를 검증하기 위하여 본 연구에서는 사회적 상호작용과 지도자만족 변수를 중심으로 회귀분석을 실시하였다.

〈표 Ⅴ-6〉은 사회적 상호작용이 지도자만족에 미치는 영향에 대해 회귀분석을 실시한 결과이다.

〈표 Ⅴ-6〉 사회적 상호작용이 지도자만족에 미치는 영향에 대한 회귀분석

독립변수	R^2	R^2change	b	SE	β	t	sig
상 수			2.130	.131		16.306	.000
접촉강도	.176	.176	.448	.036	.420	12.337	.000
개 방 성	.204	.028	.212	.043	.208	4.954	.000
협력정도	.220	.016	.150	.039	.171	3.862	.000
친 밀 도	.224	.004	7.706	.043	.089	1.788	.074

R^2: 누적 설명력, R^2change: 개별 설명력.

〈표 Ⅴ-6〉에 제시된 바와 같이, 사회적 상호작용이 지도자만족에 미치는 영향에 대해 분석한 결과 접촉강도(β=.420)는 사회관계 만족의 하위요인 가운데 지도자만족에 가장 크게 영향을 미치는 것으로 나타났다. 개방성(β=.208), 협력정도(β=.171) 역시 지도자만족에 통계적으로 유의한 영향을 미치고 있다. 다시 말해, 상업스포츠 참가자와 지도자와의 접촉강도·개방성·협력정도가 높으면 지도자에 대한 만족 역시 높다. 이는 참가자와 지도자 간의 긍정적인 상호작용이 참가자의 지도자만족을 결정짓는 중요한 변수임을 밝혀주고 있다. 회귀분석에 투입된 4개의 독립변수는 지도자만족 전체 변량의 약 22.4%를 설명해 주고 있다.

(2) 사회적 상호작용과 직원만족

본 연구의 가설 Ⅱ-1-2는 '사회적 상호작용은 직원만족에 영향을 미칠 것이다'이었다. 이를 검증하기 위하여 본 연구에서는 사회적 상호작용과 직원만족 변수를 중심으로 회귀분석을 실시하였다.

〈표 Ⅴ-7〉은 사회적 상호작용이 직원만족에 미치는 영향에 대해 회귀분석을 실시한 결과이다.

〈표 Ⅴ-7〉 사회적 상호작용이 직원만족에 미치는 영향에 대한 회귀분석

독립변수	R^2	R^2change	b	SE	β	t	sig
상 수			1.716	.151		11.383	.000
접촉강도	.181	.181	.524	.042	.425	12.517	.000
개 방 성	.215	.034	.272	.049	.231	5.541	.000
협력정도	.221	.006	.105	.045	.103	2.334	.020
친 밀 도	.221	.001	3.824	.050	.038	.765	.444

〈표 Ⅴ-7〉에 제시된 바와 같이, 사회적 상호작용이 직원만족에 미치는 영향에 대해 분석한 결과 접촉강도(β=.425)는 사회관계 만족의 하위요인 가운데 직원만족에 가장 크게 영향을 미치고 있는 것으로 나타났다. 또한 개방성(β=.231), 협력정도(β=.103) 역시 직원만족에 통계적으로 유의한 영향을 미치고 있는 것으로 드러났다. 다시 말해, 상업스포츠 참가자와 직원과의 접촉강도·개방성·협력정도가 높으면 직원만족 또한 높다. 이는 참가자와 직원 간의 긍정적인 상호작용이 직원만족을 결정짓는 중요한 변수임을 밝혀주고 있다. 회귀분석에 투입된 4개의 독립변수는 직원만족 전체 변량의 약 22.1%를 설명해 주고 있다.

(3) 사회적 상호작용과 회원과의 친교만족

본 연구의 가설 Ⅱ-1-3은 '사회적 상호작용은 회원과의 친교만족에 영향을 미칠 것이다'이었다. 이를 검증하기 위하여 본 연구에서는 사회적 상호작용과 회원과의 친교만족 변수를 중심으로 회귀분석을 실시하였다.

〈표 Ⅴ-8〉은 사회적 상호작용이 회원과의 친교만족에 미치는 영향에 대해 회귀분석을 실시한 결과이다.

〈표 Ⅴ-8〉 사회적 상호작용이 회원과의 친교만족에 미치는 영향에
대한 회귀분석

독립변수	R^2	R^2change	b	SE	β	t	sig
상 수			1.802	.148		12.184	.000
접촉강도	.158	.158	.499	.043	.398	11.553	.000
개 방 성	.168	.010	.164	.057	.125	2.907	.004
친 밀 도	.175	.007	.121	.049	.112	2.456	.014
협력정도	.175	.000	2.206	.055	-.021	-.402	.687

〈표 V-8〉에 제시된 바와 같이, 사회적 상호작용이 회원과의 친교만족에 미치는 영향에 대해 분석한 결과 접촉강도(β=.398)는 사회관계 만족의 하위요인 가운데 회원과의 친교만족에 가장 크게 영향을 미치는 것으로 나타났다. 또한 개방성(β=.125), 친밀도(β=.112) 역시 회원과의 친교만족에 통계적으로 유의한 영향을 미치고 있다. 즉, 접촉강도·개방성·친밀도가 높으면 회원과의 친교만족 또한 높다. 이와 같은 결과는 참가자와 지도자·직원 간의 긍정적인 상호작용이 회원과의 친교만족을 향상시키는 데 중요한 변수임을 시사하여 주고 있다. 회귀분석에 투입된 4개의 독립변수는 회원과의 친교만족 전체 변량의 약 17.5%를 설명해 주고 있다.

2) 사회적 상호작용과 사회자본으로서의 신뢰

(1) 사회적 상호작용과 평판신뢰

본 연구의 가설 Ⅱ-2-1은 '사회적 상호작용은 평판신뢰에 영향을 미칠 것이다'이었다. 이를 검증하기 위하여 본 연구에서는 사회적 상호작용과 평판신뢰 변수를 중심으로 회귀분석을 실시하였다.

〈표 V-9〉는 사회적 상호작용이 평판신뢰에 미치는 영향에 대해 회귀분석을 실시한 결과이다.

〈표 V-9〉 사회적 상호작용이 평판신뢰에 미치는 영향에 대한 회귀분석

독립변수	R^2	R^2change	b	SE	β	t	sig
상　수			2.343	.132		17.696	.000
접촉강도	.160	.160	.450	.039	.400	11.639	.000
개 방 성	.204	.044	.248	.040	.223	6.243	.000
친 밀 도	.223	.019	.208	.050	.176	4.136	.000
협력정도	.225	.002	6.006	.043	.062	1.396	.163

〈표 V-9〉에 제시된 바와 같이, 사회적 상호작용이 평판신뢰에 미치는 영향에 대해 분석한 결과 접촉강도(β=.400)는 사회자본으로서의 신뢰의 하위요인 가운데 평판신뢰에 가장 크게 영향을 미치는 것으로 나타났다. 또한 개방성(β=.223), 친밀도(β=.176) 역시 긍정적 신뢰에 통계적으로 유의한 영향을 미치고 있다. 즉, 상업스포츠 참가자와 지도자·직원과의 접촉강도·개방성·친밀도가 높으면 평판신뢰 또한 높다. 이와 같은 결과는 참가자와 지도자·직원 간의 긍정적인 상호작용이 평판신뢰 형성에 중요한 변수임을 드러내주고 있다. 회귀분석에 투입된 4개의 독립변수는 평판신뢰 전체 변량의 약 22.5%를 설명해 주고 있다.

(2) 사회적 상호작용과 조직신뢰

본 연구의 가설 Ⅱ-2-2는 '사회적 상호작용은 조직신뢰에 영향을 미칠 것이다'이었다. 이를 검증하기 위하여 본 연구에서는 사회적 상호작용과 조직신뢰 변수를 중심으로 회귀분석을 실시하였다.

〈표 V-10〉은 사회적 상호작용이 조직신뢰에 미치는 영향에 대해 회귀분석을 실시한 결과이다.

〈표 V-10〉 사회적 상호작용이 조직신뢰에 미치는 영향에 대한 회귀분석

독립변수	R^2	R^2change	b	SE	β	t	sig
상 수			2.138	.134		15.946	.000
협력정도	.192	.192	.484	.037	.438	13.000	.000
접촉강도	.266	.074	.305	.036	.293	8.464	.000
친 밀 도	.284	.018	.182	.043	.173	4.269	.000
개 방 성	.295	.010	-.122	.038	-.134	-3.180	.002

〈표 V-10〉에 제시된 바와 같이, 사회적 상호작용이 조직신뢰에 미치는 영향에 대해 분석한 결과 협력정도(β=.438)는 사회자본으로서의 신뢰의

하위요인 가운데 조직신뢰에 가장 크게 영향을 미치는 것으로 밝혀졌다. 또한 접촉강도($\beta=.293$), 친밀도($\beta=.173$), 개방성($\beta=-.134$) 역시 조직신뢰에 통계적으로 유의한 영향을 미치고 있는 것으로 나타났다. 다시 말해, 상업스포츠 참가자와 지도자·직원과의 협력정도·접촉강도·친밀도가 높으면 조직신뢰 역시 높은 반면, 개방성이 높으면 조직신뢰는 낮다. 이는 참가자와 지도자·직원 간의 긍정적인 상호작용이 스포츠센터에 대한 믿음을 높이는 데 중요한 변수임을 밝혀준 결과라 할 수 있다. 회귀분석에 투입된 4개의 독립변수는 조직신뢰 전체 변량의 약 29.5%를 설명해 주고 있다.

(3) 사회적 상호작용과 일반신뢰

본 연구의 가설 Ⅱ-2-3은 '사회적 상호작용은 일반신뢰에 영향을 미칠 것이다'이었다. 이를 검증하기 위하여 본 연구에서는 사회적 상호작용과 일반신뢰 변수를 중심으로 회귀분석을 실시하였다.

〈표 Ⅴ-11〉은 사회적 상호작용이 일반신뢰에 미치는 영향에 대해 회귀분석을 실시한 결과이다.

〈표 Ⅴ-11〉 사회적 상호작용이 일반신뢰에 미치는 영향에 대한 회귀분석

독립변수	R^2	R^2change	b	SE	β	t	sig
상 수			2.303	.142		16.232	.000
협력정도	.140	.140	.445	.041	.374	10.749	.000
접촉강도	.173	.033	.285	.053	.229	5.336	.000
친 밀 도	.183	.010	.139	.047	.135	2.980	.003
개 방 성	.187	.004	-9.650	.052	-.095	-1.869	.062

〈표 Ⅴ-11〉에 제시된 바와 같이, 사회적 상호작용이 일반신뢰에 미치는 영향에 대해 분석한 결과 협력정도($\beta=.374$)는 사회자본으로서의 신뢰의 하위요인 가운데 일반신뢰에 가장 크게 영향을 미치는 것으로 밝혀졌다.

또한 접촉강도(β=.229), 친밀도(β=.135) 역시 일반신뢰에 통계적으로 유의한 영향을 미치고 있는 것으로 나타났다. 다시 말해, 상업스포츠 참가자와 지도자·직원과의 협력정도·접촉강도·친밀도가 높으면 일반신뢰 또한 높다. 이는 참가자와 지도자·직원 간의 긍정적인 상호작용이 스포츠센터 지도자·직원에 대한 신뢰를 높이는 데 중요한 변수임을 반영한 결과라 할 수 있다. 회귀분석에 투입된 4개의 독립변수는 일반신뢰 전체 변량의 약 18.7%를 설명해 주고 있다.

3. 사회관계 만족과 사회자본으로서의 신뢰 및 소비행위

1) 사회관계 만족과 사회자본으로서의 신뢰

(1) 사회관계 만족과 평판신뢰

본 연구의 가설 Ⅲ-1-1은 '사회관계 만족은 평판신뢰에 영향을 미칠 것이다'이었다. 이를 검증하기 위하여 본 연구에서는 사회관계 만족과 평판신뢰 변수를 중심으로 회귀분석을 실시하였다.

〈표 Ⅴ-12〉는 사회관계 만족이 평판신뢰에 미치는 영향에 대해 회귀분석을 실시한 결과이다.

〈표 Ⅴ-12〉 사회관계 만족이 평판신뢰에 미치는 영향에 대한 회귀분석

독립변수	R^2	R^2change	b	SE	β	t	sig
상 수			2.670	.123		21.651	.000
직 원 만 족	.120	.120	.331	.034	.346	9.835	.000
지도자 만족	.152	.032	.239	.046	.216	5.156	.000
친 교 만 족	.174	.023	.159	.036	.178	4.403	.000

R^2: 누적 설명력, R^2change: 개별 설명력.

〈표 Ⅴ-12〉에 제시된 바와 같이, 사회관계 만족이 평판신뢰에 미치는 영향에 대해 분석한 결과 직원만족(β=.346)은 사회자본으로서의 신뢰의 하위요인 가운데 평판신뢰에 가장 크게 영향을 미치는 것으로 나타났다. 또한 지도자만족(β=.216), 회원과의 친교만족(β=.178) 역시 평판신뢰에 통계적으로 유의한 영향을 미치고 있다. 다시 말해, 상업스포츠 참가자의 직원만족·지도자만족·회원과의 친교만족이 크면 신뢰 역시 높다. 이는 참가자의 만족이 평판신뢰에 중요한 변수임을 밝혀주고 있다. 회귀분석에 투입된 3개의 독립변수는 평판신뢰 전체 변량의 약 17.4%를 설명해 주고 있다.

(2) 사회관계 만족과 조직신뢰

본 연구의 가설 Ⅲ-1-2는 '사회관계 만족은 조직신뢰에 영향을 미칠 것이다'이었다. 이를 검증하기 위하여 본 연구에서는 사회관계 만족과 조직신뢰 변수를 중심으로 회귀분석을 실시하였다.

〈표 Ⅴ-13〉은 사회관계 만족이 조직신뢰에 미치는 영향에 대해 회귀분석을 실시한 결과이다.

〈표 Ⅴ-13〉 사회관계 만족이 조직신뢰에 미치는 영향에 대한 회귀분석

독립변수	R^2	R^2change	b	SE	β	t	sig
상 수			2.084	.131		15.953	.000
지도자 만족	.211	.211	.476	.035	.459	13.771	.000
친 교 만 족	.263	.052	.209	.030	.249	7.072	.000
직 원 만 족	.283	.020	.168	.037	.187	4.485	.000

〈표 Ⅴ-13〉에 제시된 바와 같이, 사회관계 만족이 조직신뢰에 미치는 영향에 대해 분석한 결과 지도자만족(β=.459), 친교만족(β=.249), 직원만족(β=.187)은 사회자본으로서의 신뢰의 하위요인 가운데 조직신뢰에 가장 크게 영향을 미치는 것으로 나타났다. 다시 말해, 상업스포츠 참가자의 지도자

만족·친교만족·직원만족이 크면 조직신뢰 또한 높다. 회귀분석에 투입된 3개의 독립변수는 조직신뢰 전체 변량의 약 28.3%를 설명해 주고 있다.

(3) 사회관계 만족과 일반신뢰

본 연구의 가설 Ⅲ-1-3은 '사회관계 만족은 일반신뢰에 영향을 미칠 것이다'이었다. 이를 검증하기 위하여 본 연구에서는 사회관계 만족과 일반신뢰 변수를 중심으로 회귀분석을 실시하였다.

〈표 Ⅴ-14〉는 사회관계 만족이 일반신뢰에 미치는 영향에 대해 회귀분석을 실시한 결과이다.

〈표 Ⅴ-14〉 사회관계 만족이 일반신뢰에 미치는 영향에 대한 회귀분석

독립변수	R^2	R^2change	b	SE	β	t	sig
상 수			2.102	.153		13.737	.000
지도자 만족	.152	.152	.456	.040	.389	11.269	.000
친 교 만 족	.176	.024	.161	.035	.169	4.545	.000
직 원 만 족	.182	.006	.104	.045	.102	2.298	.022

〈표 Ⅴ-14〉에 제시된 바와 같이, 사회관계 만족이 일반신뢰에 미치는 영향에 대해 분석한 결과 지도자만족(β=.389), 친교만족(β=.169) 그리고 직원만족(β=.102)은 사회자본으로서의 신뢰의 하위요인 가운데 일반신뢰에 유의한 영향을 미치는 것으로 나타났다. 다시 말해, 상업스포츠 참가자의 지도자만족·친교만족·직원만족이 크면 일반신뢰 또한 높다. 회귀분석에 투입된 3개의 독립변수는 일반신뢰 전체 변량의 약 18.2%를 설명해 주고 있다.

2) 사회관계 만족과 소비행위

(1) 사회관계 만족과 소비행위 가능성

본 연구의 가설 Ⅲ-2-1은 '사회관계 만족은 소비행위 의사에 영향을 미칠 것이다'이었다. 이를 검증하기 위하여 본 연구에서는 사회관계 만족과 소비행위 가능성 변수를 중심으로 회귀분석을 실시하였다.

〈표 Ⅴ-15〉은 사회관계 만족이 소비행위 가능성에 미치는 영향에 대해 회귀분석을 실시한 결과이다.

〈표 Ⅴ-15〉 사회관계 만족이 소비행위 가능성에 미치는 영향에 대한 회귀분석

독립변수	R^2	R^2change	b	SE	β	t	sig
상 수			2.369	.132		17.905	.000
지도자 만족	.187	.187	.448	.035	.433	12.804	.000
직 원 만 족	.222	.034	.201	.036	.225	5.610	.000
친 교 만 족	.223	.001	3.042	.033	.036	.927	.354

〈표 Ⅴ-15〉에 제시된 바와 같이, 사회관계 만족이 소비행위 가능성에 미치는 영향에 대해 분석한 결과 지도자만족(β=.433)은 소비행위의 하위요인 가운데 소비행위 가능성에 가장 크게 영향을 미치는 것으로 나타났다. 또한 직원만족(β=.225) 역시 소비행위 가능성에 통계적으로 유의한 영향을 미치고 있다. 즉, 상업스포츠 참가자의 지도자만족·직원만족이 높으면 소비행위 가능성 역시 높다. 이는 참가자의 만족이 소비행위 가능성을 강화시키는 데 매우 중요한 변수임을 시사하여 주고 있다. 회귀분석에 투입된 3개의 독립변수는 소비행위 가능성 전체 변량의 약 22.3%를 설명해 주고 있다.

(2) 사회관계 만족과 소비행위 의지

본 연구의 가설 Ⅲ-2-2는 '사회관계 만족은 소비행위 의지에 영향을 미칠 것이다'이었다. 이를 검증하기 위하여 본 연구에서는 사회관계 만족과 소비행위 의지 변수를 중심으로 회귀분석을 실시하였다.

〈표 Ⅴ-16〉은 사회관계 만족이 소비행위 의지에 미치는 영향에 대해 회귀분석을 실시한 결과이다.

〈표 Ⅴ-16〉 사회관계 만족이 소비행위 의지에 미치는 영향에 대한 회귀분석

독립변수	R^2	R^2change	b	SE	β	t	sig
상 수			2.061	.140		14.685	.000
지도자 만족	.208	.208	.506	.037	.456	13.653	.000
직 원 만 족	.237	.029	.198	.038	.206	5.194	.000
친 교 만 족	.242	.006	8.095	.035	.090	2.325	.020

〈표 Ⅴ-16〉에 제시된 바와 같이, 사회관계 만족이 소비행위 의지에 미치는 영향에 대해 분석한 결과 지도자만족(β=.456), 직원만족(β=.206) 그리고 친교만족(β=.090)은 소비행위의 하위요인 가운데 소비행위 의지에 유의한 영향을 미치는 것으로 나타났다. 즉, 상업스포츠 참가자의 지도자만족·직원만족·친교만족이 높으면 소비행위 의지 또한 높다. 회귀분석에 투입된 3개의 독립변수는 소비행위 의지 전체 변량의 약 24.2%를 설명해 주고 있다.

4. 사회자본으로서의 신뢰와 소비행위

1) 사회자본으로서의 신뢰와 소비행위 가능성

본 연구의 가설 Ⅳ-1은 '사회자본으로서의 신뢰는 소비행위 가능성에 영향을 미칠 것이다'이었다. 이를 검증하기 위하여 본 연구에서는 사회자본으로서의 신뢰와 소비행위 가능성 변수를 중심으로 회귀분석을 실시하였다.

〈표 Ⅴ-17〉은 사회자본으로서의 신뢰가 소비행위 가능성에 미치는 영향에 대해 회귀분석을 실시한 결과이다.

〈표 Ⅴ-17〉 사회자본으로서의 신뢰가 소비행위 가능성에 미치는 영향에 대한 회귀분석

독립변수	R^2	R^2change	b	SE	β	t	sig
상　　수			2.288	.131		17.486	.000
조직신뢰	.206	.206	.453	.033	.454	13.570	.000
평판신뢰	.230	.025	.195	.041	.208	4.775	.000
일반신뢰	.242	.012	.124	.037	.141	3.356	.001

〈표 Ⅴ-17〉에 제시된 바와 같이, 사회자본으로서의 신뢰가 소비행위 가능성에 미치는 영향에 대해 분석한 결과 사회자본으로서의 신뢰 하위요인인 조직신뢰(β=.454), 평판신뢰(β=.203) 그리고 일반신뢰(β=.141)는 소비행위 가능성에 유의한 영향을 미치는 것으로 나타났다. 즉, 상업스포츠 참가자의 신뢰가 긍정적이면 소비행위 가능성 역시 높다. 이러한 결과는 참가자의 신뢰가 소비행위를 결정짓는 데 매우 중요한 변수임을 시사하여 주고 있다. 회귀분석에 투입된 3개의 독립변수는 소비행위 가능성 전체 변량의 약 24.2%를 설명해 주고 있다.

2) 사회자본으로서의 신뢰와 소비행위 의지

본 연구의 가설 IV-2는 '사회자본으로서의 신뢰는 소비행위 의지에 영향을 미칠 것이다'이었다. 이를 검증하기 위하여 본 연구에서는 사회자본으로서의 신뢰와 소비행위 의지 변수를 중심으로 회귀분석을 실시하였다.

〈표 V-18〉은 사회자본으로서의 신뢰가 소비행위 의지에 미치는 영향에 대해 회귀분석을 실시한 결과이다.

〈표 V-18〉 사회자본으로서의 신뢰가 소비행위 의지에 미치는 영향에 대한 회귀분석

독립변수	R^2	R^2change	b	SE	β	t	sig
상 수			1.767	.134		13.176	.000
조직신뢰	.277	.277	.565	.034	.527	16.523	.000
평판신뢰	.294	.017	.155	.038	.163	4.101	.000
일반신뢰	.299	.005	9.621	.043	.096	2.261	.024

〈표 V-18〉에 제시된 바와 같이, 사회자본으로서의 신뢰가 소비행위 의지에 미치는 영향에 대해 분석한 결과 사회자본으로서의 신뢰 하위요인인 조직신뢰(β=.527), 평판신뢰(β=.163) 그리고 일반신뢰(β=.096)는 소비행위 의지에 유의한 영향을 미치는 것으로 나타났다. 즉, 상업스포츠 참가자의 신뢰가 긍정적이면 소비행위 의지 또한 높다. 이러한 결과는 참가자의 신뢰가 소비행위를 결정짓는 데 매우 중요한 변수임을 시사하여 주고 있다. 회귀분석에 투입된 3개의 독립변수는 소비행위 의지 전체 변량의 약 29.9%를 설명해 주고 있다.

5. 상업스포츠시설 소비행위의 사회적 결정요인에 관한 구조모형 검증

1) 구조모형의 부합도 분석

본 연구에서는 상업스포츠시설 소비행위의 사회적 결정요인을 중심으로 구조모형을 설정하였다. 본 연구에서 설정한 구조모형이 상업스포츠시설 참가자의 소비행위 현상을 얼마나 예측하고 있는가를 규명하기 위해서는 각 이론 경로 간의 추정계수를 살펴보기에 앞서 전체 구조모형과 측정모형의 부합도를 검증할 필요가 있다. 다시 말해, 구조모형을 검증하기 전에 측정모형을 검증하는 절차를 거쳐야 한다. 측정모형의 부합도 분석은 확인적 요인분석을 통해 측정변수가 개념변수를 잘 설명해 주고 있는가를 검증하는 것이다. 측정모형의 부합도가 충족되면 구조모형의 부합도를 검증해야 한다. 구조모형의 부합도 분석은 개념변수, 즉 외생변수와 내생변수, 그리고 내생변수 간의 인과관계를 추정하는 것이다. AMOS에 있어서 부합도 분석은 본 연구에서 제안한 상업스포츠시설 소비행위의 사회적 결정요인 연구모형에 경험자료가 잘 맞는지를 확인하는 검증 방법이다. 따라서 구조모형의 전체적인 부합도가 높게 나타나면 상업스포츠 참가자의 소비행위 현상에 대한 예측력 또한 높은 것으로 파악할 수 있다(Jöreskog & Sörbom, 1988).

AMOS 분석결과는 변수 추정치(parameter estimates)와 모형의 부합도(goodness of fit)를 보여주는데, 변수 추정치는 이론변수 간의 인과관계 방향과 크기를 나타내고, 부합도는 모형이 자료에 의해 얼마나 잘 설명되고 있는가를 보여준다.

지금까지 구조모형이 주어진 경험자료에 얼마나 잘 부합되는가를 전체적으로 검증하는 방법은 약 20가지 정도이나 대표적으로는 χ2 검증, 기초부합치(goodness of fit index: GFI), 조정부합치(adjusted goodness of fit index: AGFI), 표준 평균 차이(standardized root mean residual: RMR or RMSR), 표준부합치(normed fit index: NFI) 분석 등이 있다(JÖreskog &

Sörbom, 1988). 따라서 위의 5가지 방법을 모두 사용하여 상업스포츠시설 소비행위의 사회적 결정요인에 관한 구조모형을 검증하였다.

본 연구에서 설정한 상업스포츠시설 소비행위의 사회적 결정요인에 관한 구조모형의 부합도 검증을 위한 전반적 지수는 〈표 V-19〉와 같다.

〈표 V-19〉 구조모형의 부합도 검증을 위한 전반적 지수

전반적 지수	χ^2	df	p	χ^2/df	기초부합 지수(GFI)	조정부합 지수(AGFI)	근사원소 평균자승오차 (RMSEA)	표준부합 지수(NFI)	비교부합 지수(CFI)
구조 모형	81.72	46	.001	1.77	.961	.934	.047	.821	.909

χ^2 값: 작을수록 바람직함. p값≥.05: 바람직함.
GFI(Goodness-of-Fit Index: 기초부합지수)≥.90: 바람직함.
AGFI(Adjusted Goodness-of-Fit Index: 조정부합지수)≥.90: 바람직함.
RMSEA(Root Mean Square Error of Approximation: 근사원소평균자승오차)≤.08: 바람직함.
NFI(Normed Fit Index: 표준부합지수)≥.90: 바람직함.
CFI(Comparative Fit Index: 비교부합지수)≥.90: 바람직함.

〈표 V-19〉에 제시된 바와 같이, 전반적 지수로서 χ^2 검증은 모형이 현실자료에 맞지 않을 때 그 유의함을 강하게 보여주는 지수로서 영가설을 긍정했을 경우 주어진 모형이 자료에 잘 맞으며, 주어진 모형은 자료에 의하여 뒷받침된다고 볼 수 있다. 또한 반대가설이 채택되었을 경우 주어진 모형은 자료에 잘 맞지 않는다고 볼 수 있다.

〈표 V-19〉에 의하면 상업스포츠시설 소비행위의 사회적 결정요인 구조모형 검증에서 χ^2=81.72, 확률치 .001로서 영가설(구조모형과 관측치 간의 차이가 존재하지 않는다)이 기각되었음을 보여주고 있다.

그러나 중요한 것은 χ^2 값이 크고 그 확률치가 매우 작아 유의적인 차이가 존재한다 하더라도 실제로 제안모형이 현실을 제대로 반영하는 적합도 좋은 모형일 가능성이 크며, 모형검증의 다른 조건들이 위배되었을 경우가 있기 때문에 이러한 판단을 전적으로 χ^2 값에 의존하는 것은 매우 위험하며, 다른 여러 가지 부합지수를 함께 고려하여 궁극적인 결론을 내려야 한

다(조선배, 1996: 102).

또한 모형검증의 조건이 대체로 충족되었다 하더라도 이와 같이 낮은 χ^2의 확률치가 나올 가능성이 있으며, 구조모형과 관측자료의 공변량 계수가 큰 차이가 없이 잘 부합됨에도 불구하고 표집수가 크면 약간의 차이에도 민감하게 작용하여 확률치가 높아짐으로써 영가설을 기각하는 χ^2 검증의 통계적 단점이 있다. 따라서 χ^2 검증 이외에 다른 전반적 지수를 살펴보아야 한다(Jöreskog & Sörbom, 1988: 26).

χ^2/df는 χ^2를 자유도로 나눈 값으로서 표준카이자승(Normed χ^2)이라고도 하며 χ^2이 지니는 단점을 보완하여 모형의 부적절성을 평가한다. 이 값이 1.0 이하이면 모형이 우연에 의해 이상 적합치를 보일 수 있음을 의미하며, 3.0~5.0이면 관대한 적합 수준인 것으로 판단된다(Wheaton, Muthen, & Summers, 1977).

그러나 앞서 설명된 바와 같이 카이자승 통계량이 표본크기의 효과에 매우 민감하게 반응하는 커다란 한계점이 있기 때문에 표준 카이자승값도 같이 영향을 받기 쉽다. 〈표 V-19〉에 의하면 χ^2/df 1.7로서 본 연구에서 설정한 구조모형이 주어진 자료에 대체로 부합되고 있음을 보여주고 있다.

기초부합치(GFI: Goodness of Fit Index)는 비통계적 추정치로 0(빈약한 적합도: Poor Fit)부터 1.0(완전한 적합도: Perfect Fit) 사이의 값을 갖는다. 이 값은 모델의 전반적 적합도(실제가료와 비교한 예측자료의 자승잔차)를 나타내지만 자유도를 조정하여 이용하여 조정한 값은 아니다. 이와 같은 기초부합지는 표본크기의 변화나 다변량 정규분포의 위반에 영향을 별로 받지 않으며, 제안모델의 적합도를 잘 설명해 준다. 이 값이 크면 좋은 적합도를 나타내지만 수용가능성을 가늠하는 절대기준(absolute threshold level)은 아니다(조선배, 1996).

또한 이 값은 주어진 모형이 공변량의 변량 중에서 예측된 변량과 공변량에 의하여 설명되는 부분의 비율로서, 회귀분석에서의 결정계수(R^2)와 동등한 의미를 갖는다. GFI의 범위는 0과 1 사이의 값을 갖지만 음수의 값을 가질 수 있는데, GFI가 음수이면 모델이 매우 좋지 않음을 의미한다

(Herting & Costner, 1985). GFI는 일반적으로 표본이 200 이상인 경우 .90 이상이면 양호한 모델이며 .95 이상은 최적의 모델이라고 평가하며, 일반적으로 한계수용 수치는 .90이다. 이 값은 카이자승치와는 달리 표본크기의 변화나 다변량 정규분포의 위반에 별 영향을 받지 않고 모형의 자료에의 적·부를 잘 나타내 준다.

〈표 V-19〉에 의하면 기초부합치는 .96으로서 모형의 부합도가 대체적으로 양호하다고 할 수 있다. 이와 같은 GFI는 자유도가 작아질수록 높은 값을 갖기 때문에(자유도가 작아진다는 것은 S와 Σ의 차이가 0에 가까워짐을 의미함), 이러한 경우는 조정된 부합치를 사용하여 모델 부합도를 평가한다.

조정부합치(AGFI: Adjusted Goodness of Fit Index)는 기초부합치를 자유도에 대하여 수정한 수치로서 기초부합치보다 다소 작은 수치로 산출되며 중다회귀분석의 수정 결정계수(adjusted R^2)와 유사한 의미로 해석된다. 따라서 조정부합치는 기초부합치와 같이 .90 이상일 경우에 유용한 모형이라고 할 수 있으며(이순묵, 1990), 일반적인 한계수용 수치는 .80이다. 〈표 V-19〉에 제시된 결과에 의하면 본 연구의 조정부합치는 .93으로 나타났다.

근사원소평균자승잔차(RMSEA: Root Mean Square Error of Approximation)는 카이자승 통계량의 한계를 수정하기 위하여 개발된 측정지수로서 지극히 잘 맞는 모형이라면 0에 가까운 수치를 보이며, 보통 .05~.08의 범위를 보일 때 수용할 수 있는 것으로 간주된다(조선배, 1996). 〈표 V-19〉에 의하면 본 연구의 각 종목별 원소 간 평균 차이는 .04로 나타나 비교적 수용할 수 있는 모델로 나타났다.

표준부합치(NFI: Normed Fit Index)와 비표준부합치(NNFI: Non-Normed Fit Index)는 연구자가 설정한 최초의 기초모형(null model)에서 얼마나 멀리 떨어져 있는가를 보여주는 일종의 "거리"를 의미한다. 기초모형은 측정변수 간 공변량이 존재하지 않는다고 가정하는 매우 간명한 모델로서 모델개발의 한 시발점으로서의 의의를 갖는다. 이 수치는 보통 0과 1 사이에 있으며, 0.9보다 크면 가장 적합한 모형이라고 할 수 있다(Bentler & Bonett, 1980).〈표 Ⅴ-19〉에 의하면 본 연구의 표준부합치는 .82로 나타남으로써 비교적 수용할 수 있는 모델로 나타났다.

비교부합지수(CFI: Comparative Fit Index)는 추정모델과 기초모델(영모델 또는 독립모델)을 비교하는 데 사용되는 지수로서 이 수치는 0과 1.0 사이에 있으며 값이 클수록 높은 수준의 적합도를 나타낸다고 할 수 있다(Bentler & Bonett, 1980).〈표 Ⅴ-19〉에 의하면 본 연구의 비교부합치는 .90으로 나타남으로써 비교적 수용할 수 있는 모델로 나타났다.

한편, 본 연구에서 설정한 구조모형은 모든 변수가 대체로 일방 경로에 의하여 빠짐없이 연결되어 있고 잔여분 변수에 대한 가정이 충족되어 있다는 점에서 포화모형(ECVI)에 가깝다고 할 수 있다. 포화모형은 간명함이 없으며 모형의 자료에 대한 부합도를 검증할 때 이용되는 자유도가 '0'이기 때문에 통계적 검증의 힘을 빌리지 않고 단지 특징수의 값과 내용적 토론을 통하여 이론을 변호하여야 한다(이순묵, 1990: 32).

결국 포화모형으로 제시된 구조모형에 대한 분석에서는 이론모형의 적합도 검증보다는 측정모형에서 제시한 특징수의 방향(+, −) 및 크기에 대한 해석에 중점을 두는 것이 의미가 있다(이순묵, 1990: 110). 따라서 본 연구에서는 이론모형에 대한 적합도 검증보다는 측정모형의 특징수 행렬에 기초하여 각 변수 간의 경로에 대한 세부적 지수를 중심으로 분석하고자 한다.

앞에서 설정한 구조모형의 각 측정 척도가 전체 모형의 부합과정에서 얼마나 신뢰할 수 있는지를 검증하기 위하여 구조모형에서 사용된 독립 잠재변수와 종속 잠재변수의 추정치를 살펴보았다. 또한 한 변수 이상을 가진 개념들의 값을 비교하기 위하여 각 개념마다 예측변수의 하나를 1.0으로 고정시켜 표준화시켜 주었다.〈표 Ⅴ-20〉은 구조모형에서 사용된 독립 잠재 측정변수와 내생변수의 표준치 및 측정오차이다.

〈표 V-20〉 구조모형에서 사용된 독립·종속 잠재 측정변수와 내생변수의
표준치 및 측정오차

구성개념/측정척도	표준치(λ)	측정오차(δ)
【사회적 상호작용】		
친밀도	.778***	.259***
접촉강도	.735***	.123***
개방성	.870***	.196***
협력정도	.771***	.240***
【만족】		
지도자만족	.674***	.269***
직원만족	.776***	.243***
회원과의 친교만족	.622***	.493***
【사회자본으로서의 신뢰】		
평판신뢰	.787***	.200***
조직신뢰	.869***	.124***
일반신뢰	.640***	.400***
【소비행위】		
소비행위 의지	.945***	.209***
소비행위 가능성	.797***	.069

** $p<.01$ *** $p<.001$

한편, 〈그림 V-1〉는 위의 결과를 도식화한 것이다.

<그림 Ⅴ-1> 외생·내생 측정변수의 측정모형과 계수 추정

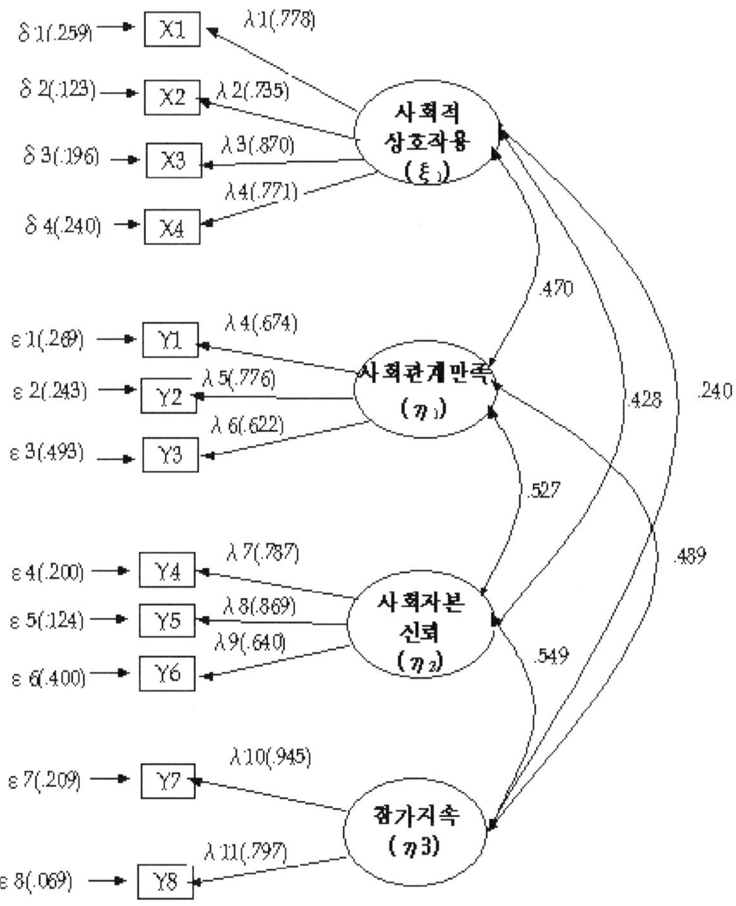

    <그림 Ⅴ-1>에서 보는 바와 같이 사회적 상호작용의 경우 개방성(.870)
이 높은 반면, 접촉강도(.731)는 낮았다. 사회관계 만족의 경우 직원만족
(.776)이 높은 반면, 회원과의 친교만족(.622)은 낮았다. 사회자본으로서의
신뢰의 경우 조직신뢰(.869)가 높은 반면, 일반신뢰(.640)는 낮았다. 소비행
위의 경우 소비행위 의지(.945)가 높은 반면, 소비행위 가능성(.797)은 낮
았다. <표 Ⅴ-19>는 측정모형의 부합도 검증을 위한 전반적 지수를 나타내

고 있다.

〈표 V-21〉에 의하면 측정모형은 χ^2=176.068, df=45, p=.000으로 나타났다. 그러나 앞서 설명된 바와 같이 카이자승 통계량이 표본크기의 효과에 매우 민감하게 반응하는 커다란 한계점이 있기 때문에 표준 카이자승값도 같이 영향을 받기 쉽다. 〈표 V-21〉에 의하면 χ^2/df 3.9로서 본 연구에서 설정한 측정모형이 주어진 자료에 대체로 부합되고 있음을 보여주고 있다. 뿐만 아니라, GFI, AGFI, NFI가 .90 이상으로 나타났으며, RMSR은 .08 이하로 나타남으로써 측정모형이 적합한 것으로 나타났다.

〈표 V-21〉 측정모형의 부합도 검증을 위한 전반적 지수

전반적 지수	χ^2	df	p	χ^2/df	기초부합 지수(GFI)	조정부합 지수(AGFI)	근사원소 평균자승오차 (RMSEA)	표준부합 지수(NFI)	비교부합 지수(CFI)
측정 모형	176.068	45	.000	3.9	.925	.950	.071	.917	.925

χ^2 값: 작을수록 바람직함. p값≥.05: 바람직함.
GFI(Goodness-of-Fit Index: 기초부합지수)≥.90: 바람직함.
AGFI(Adjusted Goodness-of-Fit Index: 조정부합지수)≥.90: 바람직함.
RMSEA(Root Mean Square Error of Approximation: 근사원소평균자승오차)≤.08: 바람직함.
NFI(Normed Fit Index: 표준부합지수)≥.90: 바람직함.
CFI(Comparative Fit Index: 비교부합지수)≥.90: 바람직함.

2) 구조모형의 경로 검증

본 연구에서 설정한 구조모형은 독립 잠재변수에서 종속 잠재변수로의 경로(γ matrix) 3개와 종속 잠재변수 간 경로(β matrix) 3개 등 총 6개의 이론 경로로 구성되어 있다. 여기서는 앞서 제시한 가설을 중심으로 상업 스포츠 참가자의 사회적 상호작용, 사회관계 만족, 사회자본으로서의 신뢰 그리고 소비행위의 관계에 관한 구조모형의 경로를 검증하고자 하였다.

〈표 Ⅴ-22〉 구조모형의 γ 및 β 경로계수 분석결과

구조경로	구조계수	표준치 (estimates)	고정지수 (t-value)
독립 잠재변수 → 종속 잠재변수	$\gamma 11$ $\gamma 21$	.596 .179	8.807*** 3.192**
종속 잠재변수 → 종속 잠재변수	$\beta 31$ $\beta 32$ $\beta 21$	.445 .572 .249	6.829*** 5.182*** 2.986**

** $p\!<\!.01$ *** $p\!<\!.001$

상업스포츠 참가자의 사회적 상호작용이 사회관계 만족, 사회자본으로서의 신뢰, 소비행위에 미치는 영향을 규명하기 위하여 이론모형에서 설정한 독립 잠재변수→종속 잠재변수의 경로계수(γ)와 종속 잠재변수→종속 잠재변수의 경로계수(β)를 분석한 결과는 〈표 Ⅴ-22〉와 같다. 경로계수의 첨자에서 첫 번째 첨자는 결과변수, 두 번째 첨자는 예측변수를 의미한다. 즉 구조모형의 경로계수인 구조계수 $\gamma 21$의 예를 들면 독립 잠재변수 '1'이 종속 잠재변수 '2'에 미치는 인과적 영향의 방향성을 의미하며, 표준치는 이러한 인과적 영향의 정도를 의미하는 회귀 결정계수를 의미한다.

또한 고정지수(t-value)는 구조모형에서 제시된 계수치가 그대로 유지할 만큼 중요한 지수인가에 대한 통계적 정보에 대한 유의성을 나타내는데, 고정지수는 표준정규분포(Z 통계량)에 가까워 사전에 선택한 통계적 유의수준에 따라 유의성 평가에 이용되는 임계치가 다르지만, 대략 t-value의 지수가 절대값 1.960 이상이면 채택된다(조선배, 1996).

이상의 분석결과를 도표로 표시하면 다음 〈그림 Ⅴ-2〉과 같다.

<그림 V-2> 구조모형의 외생변수와 내생변수 간 경로 추정치

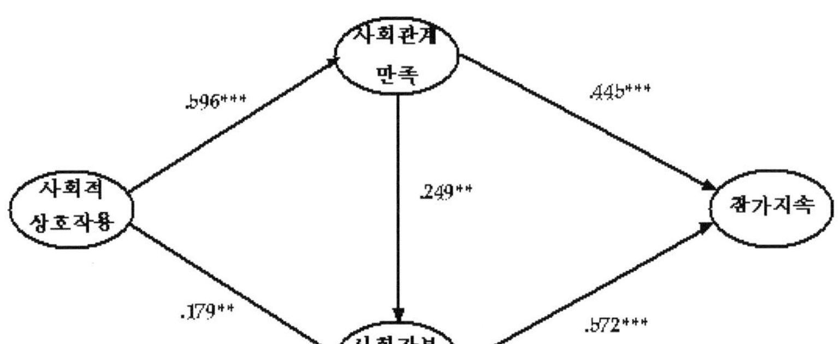

<그림 V-2>에 제시된 바와 같이, 사회적 상호작용은 사회관계 만족과 사회자본으로서의 신뢰에 직접적인 영향을 주고 있으며, 사회관계 만족과 사회자본으로서의 신뢰는 소비행위에 직접적인 영향을 미치고 있음을 알 수 있다. 뿐만 아니라, 사회적 상호작용은 사회관계 만족과 사회자본으로서의 신뢰를 통하여 소비행위에 간접적인 영향을 미치고 있는 것으로 드러났다. 즉 사회적 상호작용이 사회관계 만족과 사회자본으로서의 신뢰를 통해 소비행위에 영향을 미치는 시간적·누적적 구조를 보이고 있다. 특히 여기서 중요한 사실은 사회적 상호작용에 영향을 받은 사회관계 만족이 소비행위에 직접적인 영향을 미칠 뿐만 아니라, 사회자본으로서의 신뢰변수를 통하여 간접적인 영향을 미치고 있다는 점이다. 다시 말해, 사회관계 만족은 소비행위에 직접적인 영향을 미칠 뿐만 아니라, 사회자본으로서의 신뢰를 통해 소비행위에 간접적 영향을 미치고 있다.

<표 V-23>은 인과효과를 분해한 것이다.

114

〈표 V-23〉 인과효과

경　로	직접효과	간접효과	인과효과
사회관계 만족→소비행위	.445	--	.445
사회자본으로서의 신뢰→소비행위	.572	--	.572
사회적 상호작용→사회관계 만족→소비행위	--	.596×.445	.265
사회적 상호작용→사회자본으로서의 신뢰 →소비행위	--	.179×.572	.102
사회적 상호작용→사회관계 만족 →사회자본으로서의 신뢰→소비행위	--	.596×.249×.572	.084
총 효 과			1.468

　〈표 V-23〉에 제시된 바와 같이, 직접효과는 사회관계 만족이 소비행위 (β=.445)에 미치는 영향, 그리고 사회자본으로서의 신뢰가 소비행위(β =.572)에 미치는 영향이다. 간접효과는 사회적 상호작용이 사회관계 만족 을 통해 소비행위 [β=.596×.445=.265]에 미치는 영향, 사회적 상호작용이 사회자본으로서의 신뢰를 통해 소비행위 [β=.179×.572=.102]에 미치는 영 향 그리고 사회적 상호작용이 사회관계 만족, 사회자본으로서의 신뢰, 소비 행위 [β=.596×.249×.572=.084]에 미치는 영향이다. 총효과는 간접효과와 직접효과를 합산한 결과로서, β=1.468이다.

Ⅵ. 논 의

1. 사회인구학적 특성과 사회적 상호작용, 사회관계 만족, 사회자본으로서의 신뢰 그리고 소비행위

개인은 정치, 경제, 교육, 종교 등 사회 체계와 제도에 끊임없이 영향을 주고받으며, 사회적으로 자신의 역할 및 행동의 범주, 가치관 등을 확립한다. 성, 연령, 교육수준, 소득수준, 직업 등과 같은 인구통계학적·사회경제적 요인은 특정 사회에서 희소가치를 불평등하게 배분하는 기준인데, 동일한 범주에 속해 있는 사람은 서로 유사한 가치지향 및 사회적 성향을 공유하는 특성을 보인다. 일반적으로 사회과학 연구 영역에서는 인구통계학적·사회경제적 특성이라는 용어를 사회인구학적 특성으로 사용하고 있다. 생활체육 활동도 이 과정에서 예외가 아니기 때문에 참가자의 사회적 상호작용, 사회관계 만족과 사회자본으로서의 신뢰 그리고 참가의 지속 여부 등은 사회인구학적 특성과 밀접한 관계를 지닌다. 이러한 맥락에서 본 연구는 사회인구학적 특성에 따라 사회적 상호작용, 사회관계 만족, 사회자본으로서의 신뢰 그리고 소비행위의 차이를 규명하고자 하였다(〈표 Ⅴ-24〉 참조).

〈표 Ⅴ-24〉 사회인구학적 특성에 따른 관련 변수의 결과 요약

변 수	사회적 상호작용	사회관계 만족	사회자본으로서의 신뢰	소비행위
성	남 자	남 자	남 자	남 자
연 령	--	--	40대 이상	40대 이상
학 력	--	--	--	--
가계수입	250-350만 원	--	250-350만 원	--
직 업	경영·관리직	판매·서비스직	경영·관리직	사무·기술직
결 혼	--	--	기혼	--

* 셀 안의 요인은 통계적으로 유의하고 가장 높은 점수를 보인 결과임.

사회인구학적 특성과 사회적 상호작용의 관계를 분석한 결과, 사회인구학적 특성에 따라 친밀도·개방성·접촉강도·협력정도 등의 사회적 상호작용은 차이가 있는 것으로 밝혀졌다. 다시 말해, 성별에 따라 사회적 상호작용은 차이가 있으며, 남자가 여자보다 높은 것으로 나타났다. 이러한 결과는 남자가 여자에 비해 평소 대인관계 욕구 및 필요성을 크게 인식하고 있고 운동 과정에서 지도자·직원 그리고 다른 참가자와의 원만한 상호작용을 통해 이와 같은 욕구를 충족시키고 있음을 밝혀주고 있다. 강신복 등(2000)의 '국민생활체육참여실태조사'에서 운동 참가의 직접적인 이유를 질문한 결과, 남자가 여자에 비해 대인관계 및 사교 증진을 위해 생활체육활동에 참가하는 경향이 두드러지게 나타나는 경향을 보였다. 이와 같은 연구결과에 비추어 볼 때 생활체육 참가자 가운데 남성은 상업스포츠시설에서 여성에 비해 지도자나 직원 그리고 다른 참가자와 적극적으로 직접 대면하여 운동방법, 운동 관련 정보 및 지식 등에 대한 의사소통을 행하고 있으며, 특히 운동에 필요한 물질적·정보적·정서적 지원을 받고 있음을 알 수 있다.

가계수입에 따라 사회적 상호작용은 차이가 있으며, 전반적으로 250-350만 원 집단에서 높은 경향을 보이고 있다. 이는 250-350만 원 수입집단이

다른 집단에 비해 활발하게 상호작용 하고 있음을 보여주는 결과이다. 본 연구는 가계수입을 150만 원 이하, 150-250만 원, 250-350만 원, 350-450만 원, 450만 원 이상 등 5단계로 구분하였다. 250-350만 원 가계수입 집단은 중간층에 해당되며, 지도자·직원 그리고 다른 참가자와의 상호작용이 활발하게 이루어지고 있다. 가계수입은 사회계층의 주요 지표라 할 수 있다. 중류층은 상류층이나 하류층에 비해 거리낌 없이 지도자·직원 그리고 다른 회원과의 유대관계를 증진시키고 있음을 추론할 수 있다.

직업에 따라 사회적 상호작용은 차이가 있으며, 경영·관리직에서 높게 나타났다. 이와 같은 연구결과는 경영·관리직이 다른 직업에 비해 지도자·직원 그리고 다른 참가자와의 친밀도·개방성·협력정도가 높다는 사실을 시사하여 주고 있다. 경영·관리직 종사자는 평소 많은 사람들을 직접 대면하고 접하는 속성이 있기 때문에 결과적으로 상업스포츠시설에서의 지도자·직원 그리고 다른 참가자와의 상호작용을 긍정적으로 행하고 있음을 알 수 있다.

결혼에 따라 사회적 상호작용은 차이가 있으며, 미혼자가 기혼자에 비해 친밀도가 높은 것으로 나타났는데, 이는 미혼자가 기혼자에 비해 상업스포츠시설에 가입하여 지도자·직원 그리고 다른 참가자와의 사회적 상호작용을 통해 친밀도가 높게 나타나고 있음을 반영해 주고 있다. 미혼자는 기혼자에 비해 지도자·직원 그리고 다른 참가자에 대해 우호적인 태도를 보이고 있으며, 특히 이들이 미혼일 경우 더욱 적극적으로 사교활동을 행하고 있을 가능성이 높다. 최근 대중매체들은 젊은이들이 스포츠센터나 헬스클럽에서 사교활동을 벌이고 있고 남·녀가 운동을 행하면서 건전하게 친교를 맺고 있는 것으로 보도함으로써 본 연구의 결과를 뒷받침 해주고 있다.

둘째, 사회인구학적 특성과 사회관계 만족의 관계를 분석한 결과, 사회인구학적 특성에 따라 사회관계 만족은 차이가 있는 것으로 나타났다. 성별에 따라 사회관계 만족은 차이가 있으며, 남자가 여자보다 높은 것으로 밝혀졌다. 이러한 결과는 남자가 여자보다 사회적 상호작용이 활발히 이루어지고 있으며, 이의 결과로 나타난 지도자·직원 그리고 회원과의 친교만족이 높게 나타나고 있음을 드러내주고 있다.

가계수입에 따라 사회관계 만족은 차이가 있으며, 250-350만 원에서 회원과의 친교만족이 가장 높게 나타났다. 이는 고소득자가 저소득자에 비해 사교욕구 및 필요성이 높고 사회적 상호작용을 활발히 행함으로써 다른 회원과의 친교만족이 높게 나타나고 있음을 밝혀주고 있다.

직업에 따라 사회관계 만족은 차이가 있으며, 경영·관리직에서 지도자만족, 학생들에게서 직원만족, 판매·서비스직에서 친교만족이 높은 것으로 나타났다. 경영·관리직에서 지도자만족이 높게 나타난 결과는 경영·관리직이 다른 직업에 비해 상업스포츠시설의 지도자와 원만한 대인관계를 유지·증진하고 있으며, 지도자의 행동이나 지도방법에 대해 만족하고 있음을 알 수 있다. 직원만족은 학생 집단에서 높게 나타났는데, 이는 학생들이 그동안 경험하지 못하였던 친절한 체육 관련 서비스를 받음으로써 직원에 대한 만족이 높게 나타나고 있는 것이다. 또한 친교만족은 판매·서비스직에서 높게 나타났는데, 이는 직업 특성상 판매·서비스직 종사자가 다른 직업 종사자에 비해 다른 참가자와의 폭넓은 유대관계를 유지·증진하고 있음을 시사하여 주고 있다.

셋째, 사회인구학적 특성과 사회자본으로서의 신뢰의 관계를 분석한 결과, 사회인구학적 특성에 따라 사회자본으로서의 신뢰는 차이가 있는 것으로 나타났다. 성별에 따라 사회자본으로서의 신뢰는 차이가 있으며, 남자가 여자보다 높은 것으로 밝혀졌다. 이러한 결과는 남자가 여자에 비해 지도자·직원 그리고 다른 참가자와의 활발한 사회적 상호작용 과정에서 사회자본으로서의 신뢰를 높게 형성하고 있음을 의미한다. 사회자본으로서의 신뢰는 사회적 관계에서 존재하며, 그 관계에 참여하고 있는 사람들 간의 결속감(solidarity)을 강화시켜 사회적 연결망(social network)을 형성해낸다. 남자들은 여자들에 비해 사교 및 대인관계 욕구가 강하고 활동범위가 넓으며, 강한 연결망을 형성하고 있는 것으로 보여진다. 이는 상호 신뢰가 높을 때 가능한 것이다.

연령에 따라 사회자본으로서의 신뢰는 차이가 있으며, 40대 이상에서 가장 높게 나타났다. 특히 연령이 많을수록 사회자본으로서의 신뢰는 높은 경향을 보이고 있다. 이와 같은 결과는 상업스포츠시설에 상대적으로 장기간 가입하여 운동을 행한 연령층이 그렇지 않은 연령층에 비해 사회자본으로서의 신뢰가 높게 나타나고 있음을 보여주고 있다.

가계수입에 따라 사회자본으로서의 신뢰는 차이가 있으며, 250-350만 원 집단에서 높게 나타났다. 이는 고소득자가 저소득자에 비해 상대적으로 타자에 대한 믿음과 신뢰가 강하게 표출되고 있는 데서 나타난 결과라 할 수 있다.

직업에 따라 사회자본으로서의 신뢰는 차이가 있으며, 판매·서비스직, 경영·관리직에서 높게 나타났다. 판매·서비스직에서 평판신뢰가 높게 나타난 본 연구의 결과는 판매·서비스직이 지역사회에서의 상업스포츠시설에 대한 긍정적인 평가를 내리고 있음을 알 수 있다. 경영·관리직에서 조직신뢰가 높게 나타난 연구결과는 경영·관리직이 상업스포츠시설의 지도자·직원 그리고 다른 참가자에 대한 믿음이 높다는 사실을 반영해 주고 있다.

결혼에 따라 사회자본으로서의 신뢰는 차이가 있으며, 기혼자가 미혼자에 비해 높게 나타났다. 이러한 결과는 기혼자가 미혼자에 비해 사회적으로 안정되어 있으며, 특히 지도자의 지도방법에 대한 신뢰가 높게 나타나고 있음을 밝혀주고 있다.

넷째, 사회인구학적 특성과 소비행위의 관계를 분석한 결과, 사회인구학적 특성에 따라 소비행위는 차이가 있는 것으로 나타났다. 다시 말해 연령에 따라 소비행위는 차이가 있으며, 연령이 증가할수록 소비행위 의지·가능성은 높다. 이와 관련해, 그동안 체육학 연구 영역에서는 연령과 생활체육 또는 스포츠 참가의 관계에 대한 다수의 연구결과를 보고해 오고 있다. 연구결과, 연령과 생활체육 참가는 부적(negative)관계를 맺고 있는 것으로 나타났는데, 이는 연령이 증가함에 따라 생활체육 참가율이 저조하게 나타나고 있음을 보여주는 것이다. 그러나 본 연구에서는 연령이 증가할수록 생활체육 참가욕구가 높고, 중도에 운동을 포기하지 않고 지속할 의사가 강하게 나타났다는 사실이 주목할 만하다.

연령은 각 사회의 문화에 따라 다른 의미로 받아들여진다. 연대기적 연령과 달리 사회적 연령은 각 사회의 특정 유형에 따라 변화한다. 평균 연령이 40세 이하이던 중세시대에 있어서 35살의 의미와 현재 북미나 유럽에 있어서 35세의 의미는 사회적으로 많은 차이가 있다. 따라서 사회적 연령은 개개의 사회 발달단계에 부합되어 나타나며 이러한 사회적 연령은 연대기적 연령과 더불어 생활체육 참가나 유형에도 큰 영향을 미친다(임번장, 2002a).

직업에 따라 소비행위는 차이가 있으며, 사무·기술직에서는 소비행위 의지가 높고, 경영·관리직에서는 소비행위 가능성이 높게 나타났다. 이러한 결과는 사무·기술직이나 경영·관리직 모두 좌업 형태의 직무를 수행하고 있기 때문에, 건강과 체력 증진을 위해 신체활동 욕구가 강하게 표출되고 있음을 알 수 있다.

본 연구에서는 사회인구학적 특성을 배경변수로 설정하여 사회인구학적 특성에 따른 사회적 상호작용, 사회관계 만족, 사회자본으로서의 신뢰 그리고 소비행위의 차이를 비교·검증하였다. 앞으로 후속연구에서는 사회인구학적 특성을 가변수(dummy)나 등간(interval) 및 비율(ratio) 척도로 구성하여 소비행위에 미치는 상대적 설명력을 파악해야 할 것이다. 또한 스포츠사회화 주관자가 초기 상업스포츠 참가에 영향을 주었다면, 그 이후에도 지속적으로 여타 다른 변수에 비해 소비행위에 큰 영향을 미치는지에 대해서도 규명이 되어야 할 것이다.

2. 사회적 상호작용과 사회관계 만족 및 사회자본으로서의 신뢰

현대사회에 있어서 개개인은 일정한 가치와 행동양식을 타자와의 상호작용을 통하여 자주적으로 학습하고 그것을 내면화하는 과정을 통하여 특정 사회 구성원으로 성장해 나간다. 이러한 일련의 과정을 사회학습이라 한다. 사회학습에 의한 사회적 상호작용이란 두 사람 이상이 서로 접촉·대면하여 서로의 행동에 영향을 미치게 되는 과정이다. 대부분의 사람들은 사회 지위와 역할 및 문화뿐만 아니라 인간의 각종 심리적 상황조차도 이 사회적 상호작용 속에서 그리고 사회적 상호작용을 통하여 활성화되며, 또한 그 의미를 갖게 된다(강운선, 1997: 28).

이러한 상호작용은 어느 집단이나 사회에서 존재하기 마련이다. 상업스포츠시설 또한 예외가 될 수 없다. 운동이 전개되는 상업스포츠시설은 사회관계가 역동적으로 형성·발전하고 사회 연결망(social network)이 구축되는 사회의 축소판이라 할 수 있다. 사회적 상호작용은 지도자·직원이 일정한 회비를 납부하고 사용권리를 획득한 참가자에게 운동 관련 서비스를 제공하면서 발생하게 된다. 상업스포츠 참가자의 만족이나 사회자본으로서의 신뢰를 높이려면 참가자와 서비스제공자인 지도자나 직원과의 원만한 상호작용이 이루어져야 한다.

그동안 체육학 연구 영역에서 사회적 상호작용과 사회관계 만족, 사회자본으로서의 신뢰의 관계에 대한 연구는 거의 전무한 실정이다. 상업스포츠시설에서 참가자의 만족과 관련된 대부분의 연구는 서비스질(service quality)이 참가자의 만족을 결정짓는 요인이라고 보고하여 왔다. 사실, 본 연구에서 사회적 상호작용을 독립변수로 설정한 이유는 참가자의 만족이 서비스질 이외에도 서비스제공자인 지도자·직원에 의해 크게 영향을 받을 수 있다는 기본 가정에 근거하였기 때문이다.

분석결과, 상업스포츠시설에서 지도자·직원 그리고 참가자 간의 상호작용이 참가자의 사회관계 만족과 사회자본으로서의 신뢰에 영향을 미치는 것으로 나타난 본 연구의 결과는 상호작용과 사회관계 만족 및 사회자본으로서의 신뢰변수 간의 의미 있는 관련성을 시사하여 주고 있다.

사회적 상호작용과 사회관계 만족을 분석한 결과, 사회적 상호작용은 사회관계 만족에 영향을 미치는 것으로 나타났다. 즉 상업스포츠 참가자가 지도자·직원 그리고 회원과의 접촉강도·개방성·협력정도가 높으면 지도자·직원·회원과의 친교만족 또한 높다 하겠다. 이러한 결과는 상업스포츠 지도자·직원·참가자 간의 의사소통 빈도, 대화의 깊이 정도 그리고 물질적·정보적·정서적 지원이 클 때 대인관계에 의한 사회관계 만족이 높게 나타나고 있음을 시사하여 주고 있다. 장기적인 관점에서 상업스포츠 참가자의 사회관계 만족 경영은 지도자나 직원이 참가자를 만족시키고 소비행위를 유도하는 지도자·직원과 참가자 간의 상호작용이 필수적으로 이루어져야 함을 알 수 있다.

사회적 상호작용과 사회자본으로서의 신뢰를 분석한 결과, 사회적 상호작용은 사회자본으로서의 신뢰에 영향을 미치는 것으로 나타났다. 즉 접촉강도·개방성·친밀도가 높을수록 평판·일반신뢰, 협력정도·접촉강도·친밀도·개방성이 높을수록 조직신뢰 또한 높다 하겠다. 이러한 결과는 상업스포츠 지도자나 직원, 참가자 간의 의사소통 빈도, 대화의 깊이 정도 그리고 주관적 감정의 거리나 유대 정도가 클 때 지도자·직원 등 상업스포츠시설에 대한 신뢰가 돈독해지고 있음을 시사하여 주고 있다.

상업스포츠 참가자의 사회관계 만족과 신뢰를 높이기 위해서는 다음과 같은 측면에서 상업스포츠조직의 노력이 요구된다.

첫째, 상업스포츠조직은 지도자나 직원으로 하여금 참가자와 직접 대면하여 의사소통을 빈번하게 행하도록 노력하여야 한다. 이는 운동시설이 아무리 좋다하여도 운동을 지도하거나 이용편의를 제공하는 지도자·직원의 관심과 의사소통 빈도가 부족하면 참가자의 전반적인 만족과 신뢰가 낮게 평가될 수 있음을 반영하고 있다. 대부분의 지도자나 직원은 상업스포츠 가입 초기에 참가자에 대해 많은 관심을 갖고 대화를 나누지만, 시간이 경과함에 따라 점차 그러한 노력이 약화되는 경향을 보인다. 지도자나 직원과의 의사소통 빈도가 낮다면 참가자의 사회관계 만족과 신뢰 또한 낮게 나타날 것임은 자명한 사실이다.

둘째, 상업스포츠조직은 지도자나 직원이 참가자와 의사소통을 할 때 깊이 있는 대화를 하도록 권장해야 한다. 이는 지도자·직원이 무조건 획일적으로 참가자와의 의사소통 빈도가 많다고 하여 참가자의 사회관계 만족과 신뢰가 높아지는 것이 아님을 반영하는 것이다. 다시 말해, 무엇보다 대화의 질이 중요하다는 것이다. 상업스포츠 참가자는 지도자나 직원과 운동 관련 의사소통을 할 때 가식적인 대화보다는 의미 있고 깊이 있는 대화를 희망하고 있다.

셋째, 상업스포츠조직은 지도자나 직원으로 하여금 참가자에게 운동 관련 지원을 아낌없이 보내도록 장려해야 한다. 상업스포츠 참가자는 혼자서 운동을 행하는 사람에 비해 운동 정보 지원의 필요성을 더욱 크게 실감하고 있다. 이는 상업스포츠 참가자가 운동을 보다 과학적이고 체계적으로 실천하려는 욕구가 강하게 나타나고 있음을 의미한다. 그렇기 때문에 상업스포츠 지도자나 직원은 참가자에게 운동 및 건강 관련 인터넷사이트나 책자 등을 권유하도록 노력하여야 한다. 또한 상업스포츠 참가자는 처음 운동을 행할 경우 운동으로 인한 피로나 권태감을 경험할 수 있다. 특히, 참가자가 운동에 대한 권태감을 느낄 경우 중도포기나 탈락 가능성이 높아진다. 지도자나 직원은 참가자와의 대화를 통해 이 같은 어려움을 잘 극복할 수 있도록 도와주어야 한다.

한편, 대부분의 서비스 산업에서의 교환은 서비스제공자와 소비자 간의 장기적인 서약이나 지속적인 상호작용을 포함하고 있다. 소비자들은 거래비용과 미래이익의 불확실성을 감소시키고 단기적 교환관계를 통해 얻을 수 없는 이익을 얻기 위하여 서비스제공자와 지속적인 상호작용을 하고자 한다. 소비자와 서비스제공자 간의 상호작용을 통한 관계의 구축은 미래의 지속적인 상호작용의 신호이다(강윤식, 1999). 따라서 서비스제공자인 지도자·직원과 참가자 간의 상호작용은 서비스 산업에서의 중요한 역할로 작용하는데, 이러한 점에서 지도자·직원과 참가자 간의 상호작용을 통해 형성되는 관계의 질은 미래에 양측의 상호작용이 지속될 가능성을 결정하게 된다. 다시 말해, 상업스포츠시설에서 발생되는 상호작용이 원만하고 긍정적으로 이루어질 때 참가자의 만족이 높아지고, 이는 결과적으로 상업스포츠시설 전체에 대한 신뢰를 향상시키는 기제로 작용할 수 있음을 알 수 있다.

상업스포츠 참가자의 만족에 관한 기존 선행연구는 참가자의 만족을 높이기 위해 서비스질을 강화시켜야 한다고 보고하고 있다. 즉 서비스질과 만족의 관계에 대한 가정은 서비스질만 높으면 만족 또한 비례적으로 향상된다는 것이다. 물론 서비스질이 중요한 변수이긴 하지만, 이것이 참가자의 만족을 완벽하게 설명한다고 단언할 수 없다. 본 연구에서는 참가자의 만족에 영향을 미치는 변수로 사회적 상호작용을 설정하였는데, 이는 무형의 서비스를 제공하는 상업스포츠에 있어서 참가자의 만족이 지도자·직원 그리고 다른 회원과의 사회관계 구조, 즉 연결망에 배태되어 있다는 기본 가정에서 비롯된 것이다. 사회적 상호작용은 참가자의 사회관계 만족 및 신뢰에 의미 있는 영향을 미치는 변수임이 밝혀졌다. 따라서 스포츠사회학 연구 영역에서는 스포츠경영학 연구 영역에서 설명해 내지 못하는 사회 현상이 우리 사회에 편재해 있다는 사실에 주목하여 참여스포츠 소비행동과 같은 소비행위에 관심을 기울여야 하며, 실제 이렇게 함으로써 참여스포츠 소비행동을 이해하는 데 새로운 장을 열 수 있을 것이다.

3. 사회관계 만족과 사회자본으로서의 신뢰 및 소비행위

상업스포츠 참가자의 사회관계 만족과 사회자본으로서의 신뢰 및 소비행위의 관계에 대한 직접적인 연구는 거의 전무한 실정이다. 따라서 사회관계 만족과 사회자본으로서의 신뢰 및 소비행위의 관계를 논하기 위해서는 일반 사회과학 분야에서 이루어진 연구결과를 토대로 이들 변수 간의 관련성을 고찰해야 한다.

사회과학 분야에서는 참가자가 느끼는 사회관계 만족 및 신뢰를 서비스 제공자와 소비자 간의 관계의 질로 표현하고 있다. 관계의 질은 보다 장기적인 관점에서 참가자가 지도자·직원과 같은 서비스제공자에 대한 평가 정도를 의미한다(Crosby et al, 1990). 지도자·직원과 참가자 간에 사회관계의 질이 높다는 사실은 참가자가 지도자·직원과의 사회관계 만족이 높고 신뢰할 수 있으며, 미래에도 지속적인 운동을 통해 만족할 수 있으리라는 신념과 기대가 높다는 의미이다.

이와 같은 관점에서 본 연구는 사회관계 만족과 사회자본으로서의 신뢰 및 소비행위의 관계를 분석하였다. 사회관계 만족과 사회자본으로서의 신뢰의 관계를 분석한 결과, 사회관계 만족은 사회자본으로서의 신뢰(평판·조직·일반신뢰)에 영향을 미치고 있으며, 신뢰 전체 변량의 약 17.4%, 28.3%, 18.2%를 설명해 주고 있다. 이는 사회관계 만족이 높으면 사회자본으로서의 신뢰가 높게 향상될 수 있음을 반영해 주고 있다. 이러한 연구결과는 참가자의 사회관계 만족이 지역사회에서의 평판, 지도자·직원 그리고 상업스포츠조직에 대한 신뢰를 결정하는 데 의미 있는 영향을 미치는 변수임을 알 수 있다.

이와 관련해, Ganesan(1994)는 만족이 신뢰에 영향을 미치는 의미 있는 변수라고 보고하여 만족과 신뢰의 관련성을 주장함으로써 본 연구의 결과를 뒷받침 해주고 있다. 지도자·직원과 참가자의 관계에서 참가자의 만족은 사회적 상호작용이 긍정적이고 바람직하게 이루어졌을 때 향상될 수 있음을 추론할 수 있다. 이러한 상태는 이들 모두에게 확신을 갖게 하여 상대방의 발전에 관심을 갖게 한다.

반면에, 지도자·직원과 참가자 간의 상호작용이 부정적이고 소극적으로 전개된다면 참가자는 지도자·직원에 대해 불만족하게 된다. 이러한 불만족은 결과적으로 지도자·직원은 물론, 상업스포츠시설 전체를 불신하는 결과를 초래할 수 있다. 이러한 사실에 비추어 볼 때 지도자·직원이나 상업스포츠조직에 대한 신뢰는 갈등을 해소하거나 만족스러운 결과를 가져다주는 경우에 얻어지게 된다. 참가자의 필요 및 욕구나 기대를 충족시켜 주면 시간이 경과함에 따라 자연 만족하게 되고, 이로 인해 상업스포츠조직의 신뢰성이 강화된다.

사회관계 만족과 소비행위의 관계를 분석한 결과, 사회관계 만족은 소비행위(소비행위 의지·가능성)에 영향을 미치고 있으며, 각각 24.2%, 22.3%를 설명해 주고 있다. 다시 말해, 사회관계 만족이 높을수록 소비행위 의지·가능성은 높다. 이와 같은 연구결과는 김양종(2002)의 연구결과에 의해 직·간접적으로 지지되고 있다. 김양종(2002)은 개인적 운동상황의 하위요인으로서 만족변수를 설정하였는데, 운동환경과 운동프로그램 만족이 소비행위에 유의한 영향을 미치는 주요 변수라고 주장하였다.4446

또한 본 연구의 결과는 Crosby(1990)의 관계의 질(relationship quality)이라는 개념을 통해 설명이 가능하다. 소비자의 만족활동의 주체인 기업과 소비자의 관계적 특성은 만족과 고객애호도의 관계를 결정하는 데 중요한 영향을 미친다. 거래적 관점이 아닌 장기적·관계적 관점에서의 고객애호도에 영향을 미치는 중요한 요인으로, 몇몇 연구는 서비스제공자와 소비자 간의 관계의 질이라는 개념을 제시하였다. 관계의 질이란 보다 장기적인 관점에서 서비스제공자에 대한 소비자의 평가를 나타내며, 서비스제공자에 대한 신뢰(Swan, Trawick & Silva, 1985)와 만족(Crosby & Stephens, 1987)으로 구성된다. 즉 관계의 질이 높으면 고객애호도는 높아진다는 것이다. 이러한 사실에 비추어 볼 때 서비스제공자인 지도자·직원은 소비자인 참가자의 사회관계 만족을 향상시켜 소비행위 의사를 강화시키려는 노력이 필요하다.

상업스포츠 참가자에게 있어서 사회자본으로서의 신뢰를 높이기 위해서는 지도자·직원 그리고 참가자와의 관계를 원만하게 지속시켜야 한다. 즉 지도자·직원은 상업스포츠 참가자의 사회관계 만족을 향상시켜 자신은 물론, 상업스포츠조직의 신뢰도를 높여야 한다. 오늘날 우리 사회는 불신이 판을 치는 사회라 하여도 과언이 아닐 것이다. 사람과의 관계에 있어서도 상호 불신감이 높아지면 관계의 지속성을 기대하기 어려울 것이다. 지도자·직원에 대한 신뢰는 곧 상업스포츠조직에 대한 신뢰로 직결되기 때문에 지도자·직원의 역할이 매우 중요하다. 따라서 지도자·직원은 참가자에게 시설이용이나 사회관계 만족을 높여 주어 신뢰를 얻을 수 있도록 노력해야 한다.

뿐만 아니라, 상업스포츠 참가자의 소비행위를 촉진시키기 위해서는 지도자·직원이 참가자의 사회관계 만족을 높여 주어야 한다. 상업스포츠시설의 서비스는 무형의 서비스가 핵심이기 때문에, 이를 제공하는 지도자·

직원에 의해 그 성패가 판가름 난다. 상업스포츠 참가자는 운동을 지도 받거나 의사소통을 행하는 과정에서 지도자·직원에 대한 평가를 내리게 된다. 결국 이러한 평가가 긍정적으로 이루어지면 지도자·직원에 대한 만족감이 증대되어 이들과의 관계를 지속시키게 된다.

4. 사회자본으로서의 신뢰와 소비행위

최근 약 10여 년 동안 사회자본은 경제학, 정치학, 사회학 등의 여러 사회과학 분야에서 가장 관심 있는 연구주제로 부상하여 왔다. 이들 대부분의 연구에서는 사회자본이 현대사회 문제를 치유하는 데 매우 중요한 역할을 담당하는 것으로 간주하고 있다. 예컨대 경영학에서 사회자본은 기업조직의 해체를 방지하는(Pennings, Lee, & Van Witteloostuijn, 1998) 동시에 연결망을 구축하는 기반으로(Walker, Kogut, & Shan, 1997) 그리고 생산의 혁신을 주도하는 수단으로 기술되고 있다(Tsai & Ghoshal, 1998). 정치학에서 사회자본은 시민사회의 성숙과 민주주의 발전을 가져오는 원동력인 동시에 집합행동의 무임승차 문제를 해결할 수 있는 효과적인 방안으로 언급된다(Putnam, 1993a; 1993b). 한편 사회학에서 사회자본은 개인이 사회적 관계를 통해 다른 사람의 관심이나 도움을 얻을 수 있는 자원을 동원하는 능력으로 묘사되기도 하며(Lin, 2001), 상호 신뢰와 호혜성에 기초한 공동체 건설에 필수적인 전제조건으로 간주되기도 한다(Coleman, 1988).

사회자본의 개념이 이와 같이 사회과학의 모든 분과 학문에서 활용되는 현상을 두고 학계의 일각에서는 자본의 개념을 지나치게 남용하고 있다는 우려를 제기하기도 한다. 경제학의 개념인 자본을 경제학의 분석 영역을 뛰어 넘어 무차별적으로 확대 해석하는 현상은 경제학적 제국주의의 산물로서 자본의 과잉(a plethora of capitals)을 초래하고 있다는 지적이다(Baron & Hannan, 1994). 그러나 사회자본에 대한 연구는 개인과 집단의 경제적 행위를 시장의 논리로만 설명하던 종래의 경제학적 접근이 보여주던 한계(공유식외, 1994)를 넘어서고자 하는 노력의 일환으로 제기되었다는 점에서 매우 중요한 이론적 의미를 지니고 있다.

사회자본과 관련된 연구에서 뜨거운 쟁점 중의 하나는 과연 무엇을 사회자본의 지표로 삼느냐의 문제이다(Bourdieu, 1986; Coleman, 1988; Putnam, 1993). 규범(norm), 일반적 호혜성(generalized reciprocity) 그리고 연결망(network)과 더불어 사회자본의 가장 중요한 요소로 인식되고 있는 개념은 단연 신뢰라 할 수 있다. 심지어는 신뢰와 사회자본이 동일한 의미로 사용되기도 한다(Fukuyama, 1995a; 1995b).

본 연구에서는 사회자본으로서의 신뢰변수를 상업스포츠 소비행위의 사회적 결정요인으로 설정하였다. 사회자본으로서의 신뢰는 매개변수로서 소비행위 전체 변량에 대한 독립적인 설명력이 약 24%에 이르고 있다. 따라서 상업스포츠조직에 대한 참가자의 신뢰는 상업스포츠 참가자의 소비행위 의사를 강화시키는 데 있어서 매우 중요한 영향을 미치는 예측변수임을 알 수 있다.

사회자본으로서의 신뢰란 상업스포츠 지도자·직원이 참가자 자신의 필요 및 요구나 이해에 맞도록 행동할 것이라는 주관적 기대이다. 신뢰는 상업스포츠 참가자와 지도자·직원 간의 사회관계를 전제로 하며 그 관계 속에서 존재하고, 지속적으로 상호 협력을 가능케 하는 전형적인 사회적 자본이다(Gambetta, 1988; 박찬웅, 1999).

신뢰는 사회자본을 만들어내는 하나의 촉진요인이라고 설명되기도 하고 혹은 역으로 사회자본이 만들어 낸 하나의 결과적인 현상으로 접근되기도 한다(Portes, 1998). 사회자본으로서의 신뢰는 집단 구성원 간의 정보 교류뿐만 아니라, 결속감을 강화시키는 기제로 작용한다. 사회적 상호작용 과정에서 형성되는 신뢰는 구성원을 하나의 연결 고리로 묶어 주어 지속적으로 상호작용을 가능케 하는 요인으로 작용할 가능성이 높다. 결국 상업스포츠 참가자는 신뢰를 바탕으로 서비스의 불확실성이 감소된 가운데 상업스포츠 시설을 지속적으로 이용하게 된다. 사회자본으로서의 신뢰는 상업스포츠시설 서비스제공자와 소비자간의 사회 및 운동 관련 정보 교류를 가능케 하고, 이들 양자간의 유대관계를 보다 튼튼하게 만들어 주는 역할을 한다 (Bourdieu, 1986). 이는 결과적으로 상업스포츠시설에 대한 소비자의 믿음과 신뢰를 더욱 돈독케 하여 하나의 경제행위나 소비행위로서 운동지속행위를 강화시키게 된다(김경식, 오정수, 2004).

이와 같은 신념에서 본 연구는 사회자본으로서의 신뢰와 소비행위의 관계를 분석한 결과, 신뢰가 소비행위에 유의한 영향을 미치는 것으로 밝혀졌다. 김동원(2003)은 서비스제공자에 대한 신뢰가 높아지면 그 조직에 대한 몰입이 높아지고 장기적으로 계속 거래하고자 하는 의도가 높아진다고 보고함으로써 본 연구의 결과를 일치된 맥락에서 뒷받침 해주고 있다.

Lewicki와 McAllister(1998)는 신뢰와 불신은 별개의 차원이며 불신도 신뢰 못지않게 서비스제공자와 소비자의 관계에 매우 중요한 역할을 한다고 하였다. 이는 긍정가치(positive valent) 및 부정가치(negative valent) 태도의 분리 가능성을 제시한 사회심리학에서의 양면가치 상황에 관한 연구에서 찾을 수 있다. 상업스포츠조직에서 지도자나 직원 그리고 다른 참가자에 대한 불신이 높아지면, 이는 결국 지속적인 상호작용 가능성이 낮아짐과 동시에 소비행위 의사가 약화되는 결과를 초래하게 된다.

신뢰와 소비행위의 관계에서 소비행위는 참가자와 지도자ㆍ직원 등과의 지속적인 사회관계 유지라는 상징성을 함축하고 있다. 그렇다면 소비행위 의사가 강한 사람은 중도에 포기하는 사람에 비해 지도자ㆍ직원과 강한 연대를 형성하고 있을 가능성이 매우 크다. Granovetter(1973)는 강한 연결(strong tie)과 약한 연결(weak tie)의 개념으로 개인이 속한 연결망의 특성과 그 연결망 내의 개인의 위치가 개인에게 어떤 영향을 미치는가를 분석하였다. 강한 연결과 약한 연결은 사회적 관계에 참여하고 있는 사람들의 관계의 강도(relational strength)를 기준으로 구분된다. 특히, 강한 연결은 한 개인이 참여하고 있는 사회적 관계에 참여하는 행위자들 모두가 그 관계를 중요하게 생각하고 그 관계를 유지하는 것에 시간과 돈 등의 각종 자원들을 투자하는 경우이다. 사회적 상호작용으로 인해 강한 사회적 연대가 구축되면 참가자와 지도자ㆍ직원 사이에 신뢰가 자연 형성되며, 결과적으로 이것이 지속적인 관계 유지, 즉 소비행위에 기여하게 된다.

상업스포츠 참가자는 시장의 논리가 적용될 수 없는 비시장적 상황과 마주치는 경우 경제학이 전제하는 합리적 인간과 전혀 다른 방식으로 행동하게 된다. 상업스포츠 지도자·직원과 참가자의 관계를 예로 들 수 있다. 한 개인이 서비스제공자로서 혹은 소비자로서 의무와 역할을 다할 때 주어지는 보상은 경제적인 이익이 아니라 자신이 속한 집단에서 발생하는 주위 사람들로부터의 평판이나 명성이다(Lin, 2001: 156). 이러한 공동체적 신뢰에 기반을 둔 인간관계에서는 서로 도움을 주고받는 것이 자연적으로 기대되며 도울 수 있고 도와야 할 때 돕지 않는다던가 도움을 필요로 할 때 도움을 청하지 않는다면 기대 밖의 행위로 해석되며 그런 일이 계속될 때 유대관계에는 균열이 발생하게 된다. 특히 상업스포츠 참가자는 운동 관련 도움을 필요로 할 때 지도자나 직원으로부터 도움을 제대로 받지 못한다면 관계를 지속하지 못하게 될 것이다.

시장의 논리와 전혀 다른 맥락에서 이루어지는 사회적 교환의 사례를 지도자·직원이 자신의 근무시간 이외에도 참가자에게 운동 관련 서비스를 제공하거나 친교활동을 벌이는 행위에서도 확인될 수 있다. 상업스포츠 지도자나 직원은 자신의 근무시간 이외에도 운동 관련 서비스를 제공하거나 친교활동을 행하는데 참가자에게 많은 시간과 에너지를 쏟는 경우가 빈번하다.

물론 이러한 노력이 매개된 서비스를 받으면 상업스포츠 참가자는 그것을 시장가격에 따라 평가하지 않는다. 그러므로 이를 제공하는 지도자나 직원은 자신들이 쏟은 정성을 참가자가 주지할 것이라 믿으며, 즉각적으로 그에 상응하는 경제적 보상을 받을 수 없다 하더라도 장기적으로 어떠한 형태로든 보상이 돌아올 것이라 믿는다. 그러므로 이해관계와 무관한 비경제적인 교환행위처럼 보이는 운동 관련 서비스제공 행위에도 개인의 입장에서 보면 일종의 장기적으로 간접적인 투자의 전략이 담겨 있음을 우리는 알 수 있다.

그러나 기존의 경제학적 설명에서는 이처럼 시장에서의 이윤추구를 위한 교환행위와 다른 형태의 사회적 교환에 대해서는 적절한 설명을 제공하지 못하여 왔다. 사회자본에 대한 연구는 바로 이와 같이 기존의 경제학적 분석이 충분히 설명하지 못하던 회색 영역을 분석의 대상으로 삼아 새로운 설명을 시도하고 있다는 점에서 주목할 가치를 지니고 있다(유석춘·장미혜·정병은·배영, 2003).

이상의 내용을 종합해 보면 사회자본으로서의 신뢰는 소비행위에 기여하는 의미 있는 변수임을 알 수 있었다. 상업스포츠 참가자의 운동지속을 유도하기 위해서는 무엇보다 운동 관련 서비스를 제공하는 지도자·직원에 대한 주기적인 교육·관리가 필요하다. 왜냐하면 이들은 상업스포츠조직의 명성이나 신뢰를 판가름하는 중요한 서비스제공자이기 때문이다. 사회자본으로서의 신뢰와 관련된 연구는 체육학 연구 영역에서 매우 초보적인 수준이라 할 수 있다. 따라서 앞으로는 각종 운동동호회나 스포츠 관련 조직 등을 대상으로 사회자본의 개념을 적용하여 다양한 연구를 수행해야 할 것이다.

5. 상업스포츠 소비행위의 사회적 결정요인에 관한 구조모형 검증

본 연구의 가장 핵심적인 논제는 사회적 상호작용이 사회관계 만족, 사회자본으로서의 신뢰 그리고 소비행위와 어떠한 인과적 관계를 맺고 있으며, 어떠한 요인에 의해 그리고 어떠한 경로를 통하여 소비행위에 영향을 미치는가를 규명하는 것이다. 주지하는 바와 같이, 사회적 상호작용은 사회관계 만족 및 사회자본으로서의 신뢰를 통해 소비행위에 영향을 미쳤다는 사실이 밝혀졌다.

따라서 상업스포츠 소비행위의 사회적 결정요인과 관련된 사회심리적 과정에 대한 규명과 논의가 이루어져야 한다. 이와 같은 관점에서 본 연구에서는 사회적 상호작용과 소비행위 간에 내재된 인과적 관계를 사회관계 만족과 사회자본으로서의 신뢰변수를 중심으로 분석하였다.

먼저 모형의 적합도를 검증한 결과에 대해 논의하면, 모형의 적합도 검증을 위해서는 반복적인 분석과 모형 수정 과정이 필요하나, 전반적으로 부합지수가 양호하게 나타나서 일차 분석으로 모형 검증을 완료하였다. 이 연구에서 설정한 연구모형은 모형부합지수인 절대부합지수〔카이자승치(χ^2), 자유도(df), 유의도(p), 기초부합지수(GFI), 근사원소평균자승오차(RMSEA)〕, 증분부합지수〔조정부합지수(AGFI), 표준부합지수(NFI)〕, 간명부합지수〔비교부합지수(CFI)〕가 전반적으로 모형인정 조건 및 기준치를 충족시켜 주고 있다. 특히, 카이자승치를 자유도로 나눈 값이 1.77로 나타났는 데, 이는 수정모형이 사회 현실을 잘 반영·설명하고 있음을 보여주고 있다.

인과관계 분석결과, 사회적 상호작용은 사회관계 만족, 사회자본으로서의 신뢰 그리고 소비행위에 직·간접적인 영향을 미치는 것으로 나타났다. 특히 사회관계 만족과 사회자본으로서의 신뢰는 사회적 상호작용과 소비행위의 관계를 매개하는 중요한 변수로 밝혀졌다. 즉 사회적 상호작용→사회관계 만족→사회자본으로서의 신뢰→소비행위 등의 시간적·누적적 구조를 보이고 있다. 이는 사회관계 만족과 사회자본으로서의 신뢰변수가 존재하지 않는다면 사회적 상호작용과 소비행위의 인과관계 성립 자체가 불가능하다는 사실을 반영해 주고 있다.

사실, 상업스포츠 참가자의 소비행위에 관한 연구는 체육학 분야에서 거의 전무한 실정이다. 다만, 스포츠심리학 연구 영역에서 운동지속 행동에 관련된 연구가 소수 진행되었을 뿐이다. 이들 대부분의 연구는 운동지속 행동에 유의한 영향을 미치는 변수로 참가동기를 제시하고 있으며, 본 연구의 목적과는 괴리가 있다. 본 연구주제와 관련하여 가장 대표적인 연구로는 김양종(2002)의 개인적 운동 상황이 상업체육시설 참가의 지속성에 미치는 영향에 관한 논문을 들 수 있다. 김양종(2002)은 개인적 운동 상황의 하위요인으로서 운동프로그램 만족과 운동환경 만족을 설정하였는데, 이들 변수가 상업스포츠 참가의 지속성에 유의한 영향을 미친다고 주장하였다. 그러나 이 연구는 참가의 지속성 변수를 참가기간으로 측정하였기 때문에 개인적 운동 상황의 영향력을 정확히 측정할 수 없다. 다시 말해, 참가자가 불만족하거나 만족할 경우 참가기간의 구분과 차이가 없다.

최근에 체육학 연구 영역에서는 상업스포츠 참가자의 소비행위를 관계지속이라는 측면에서 설명하려는 시도를 하고 있다. 이의 대표적인 연구로는 이남미·이근모(2001)의 필드골프장의 서비스종업원의 고객지향적 행위가 고객만족과 관계지속성에 미치는 영향에 관한 논문이라 할 수 있다. 이들은 고객과의 관계를 중시하는 고객 지향적 행위가 참가자의 만족에 영향을 미칠 뿐만 아니라, 참가자의 만족을 통하여 관계지속성에 간접적인 영향을 미치는 것으로 보고하였다. 이 연구결과는 기존의 공급자 중심에서 철저하게 수요자 중심의 시장원리에 입각하여 상업스포츠시설을 운영해야 함을 시사하여 주고 있다. 다시 말해, 장기적인 측면에서 참가자의 필요 및 요구에 부합한 서비스를 제공하여 만족을 증대시킨다면, 상업스포츠 참가자는 서비스종업원과 지속적인 관계를 유지하려는 의도가 더욱 강화되는 경향을 보인다.

본 연구주제와 관련하여 사회적 상호작용과 사회관계 만족, 사회자본으로서의 신뢰 그리고 소비행위에 관한 연구는 체육학 연구 영역보다는 일반 사회학 및 경영학 연구 영역에서 부분적으로 수행되어 왔다.

최낙환·나광진·이진렬(2001)은 관계지향이 전반적인 만족, 신뢰 그리고 소비지속성에 영향을 미친다고 보고한 바 있다. 또한 박정은·이성호·채서일(1998)은 서비스제공자와 소비자 간의 관계의 질이 만족과 고객애호도에 의미 있는 영향을 미친다고 보고함으로써 상호작용에 의한 사회관계 만족과 소비행위의 관련성을 뒷받침 해주고 있다.

이상의 연구결과와 논의를 종합하여 보면, 상업스포츠 참가자에게 있어서 사회적 상호작용과 소비행위의 관계에 내재되어 있는 변수 중에서 사회관계 만족과 사회자본으로서의 신뢰는 매우 중요한 요인이며, 사회관계 만족은 사회자본으로서의 신뢰와 매우 밀접한 관계를 지니고 있음을 알 수 있다. 사회관계 만족은 소비행위에 직접적인 영향을 미치기도 하지만 사회자본으로서의 신뢰변수를 통하여 소비행위에 간접적인 영향을 미치고 있음을 밝혀내었다.

뿐만 아니라, 본 연구는 상업스포츠 소비행위의 사회적 결정요인 구조모형을 검증하고 현실에 적합한 모델을 개발·제시하고자 하였다. 이를 위하여 본 연구는 선행연구를 토대로 하여 연구모델을 설정한 다음, 반복적인 분석과 수정(theory trimming)을 통해 현실 적합도가 높은 간명 모델을 도출하였다. 상업스포츠시설 소비행위의 사회적 결정요인 구조모형은 비록 카이스케어 값이 크고, 확률치가 통계적으로 유의하게 나타났지만, 표준카이자승, 기초부합치 등이 데이터에 대체로 부합되고 있다. 본 연구에서 개발한 상업스포츠 소비행위의 사회적 결정요인 구조모형은 참가자의 소비행위 현상을 잘 설명해 줄 수 있는 우수한 모델이라 할 수 있다.

따라서 사회적 상호작용을 통한 소비행위 의지·가능성을 제고시키기 위해서는 지도자·직원·타 회원과의 상호작용을 통하여 원만한 사회관계를 유지·증진시킬 수 있는 기회를 보다 많이 제공하고, 이것이 사회자본으로서의 신뢰 형성에 기여할 수 있도록 유도해야 할 것이다. 특히 생활체육의 진흥을 위해 상업스포츠 참가자의 소비행위를 강화시킬 수 있는 체육환경을 조성하는 데 보다 많은 관심과 노력을 경주해야 할 것이다.

Ⅶ. 결론 및 제언

1. 결 론

본 연구는 상업스포츠 참가자의 사회인구학적 특성에 따른 사회적 상호작용, 사회관계 만족, 사회자본으로서의 신뢰 그리고 소비행위의 차이를 비교·분석한 다음, 사회적 상호작용이 사회관계 만족 및 신뢰에 미치는 영향, 만족이 신뢰에 미치는 영향과 신뢰가 소비행위에 미치는 영향을 규명하고, 나아가 모형의 적합도를 검증하는 것이 주된 목적이다.

본 연구는 2003년 서울 소재 상업스포츠센터에 다니고 있는 회원을 모집단으로 선정한 다음 집락무선표집법을 이용, 총 800명을 표집하였다. 설문지 중 응답이 불성실한 자료를 제외하고 최종 분석에 사용된 사례수는 713명이었다.

본 연구에서 사용한 측정도구는 설문지이다. 설문지의 타당도는 전문가 회의, 예비검사 그리고 탐색적·확인적 요인분석을 통해 검증되었다. 설문지의 신뢰도는 α=.787∼.915로 나타났다. 통계처리방법은 SPSSWIN 11.0과 AMOS 4.0 프로그램을 활용한 상관분석, 중다회귀분석, 공변량 구조분석 등이다.

이상과 같은 연구방법 및 절차를 통해 본 연구에서는 다음과 같은 결론을 도출하였다.

첫째, 사회인구학적 특성은 사회적 상호작용, 사회관계 만족, 사회자본으로서의 신뢰 그리고 소비행위에 영향을 미친다. 즉 사회적 상호작용은 남자·250-350만 원·경영관리직 집단에서 높다. 사회관계 만족은 남자·판매서비스직 집단에서 높다. 사회자본으로서의 신뢰는 남자·40대 이상·경영관리직·기혼자 집단에서 높다. 그리고 소비행위는 남자·40대 이상·사무기술직 집단에서 높다.

둘째, 사회적 상호작용은 사회관계 만족에 영향을 미친다. 즉 상업스포츠 참가자에게 있어서 지도자·직원·회원과의 접촉강도·개방성·협력정도 등의 사회적 상호작용이 높으면 지도자만족·직원만족·회원과의 친교만족 또한 높다.

셋째, 사회적 상호작용은 사회자본으로서의 신뢰에 영향을 미친다. 즉 상업스포츠 참가자에게 있어서 접촉강도·개방성·친밀도가 높으면 평판신뢰·일반신뢰가 높으며, 협력정도·접촉강도·친밀도·개방성이 높으면 조직신뢰 역시 높다.

넷째, 사회관계 만족은 사회자본으로서의 신뢰에 영향을 미친다. 즉 상업스포츠 참가자에게 있어서 지도자만족·직원만족·회원과의 친교만족 등의 사회관계 만족이 높으면 평판신뢰·조직신뢰·일반신뢰 또한 높다.

다섯째, 사회관계 만족은 소비행위에 영향을 미친다. 즉 상업스포츠 참가자에게 있어서 지도자만족·직원만족이 높으면 소비행위 가능성이 높으며, 지도자만족·직원만족·회원과의 친교만족 등의 사회관계 만족이 높으면 소비행위 의지 또한 높다.

여섯째, 사회자본으로서의 신뢰는 소비행위에 영향을 미친다. 즉 상업스포츠 참가자에게 있어서 평판신뢰·조직신뢰·일반신뢰가 높으면 소비행위 의지와 가능성 역시 높다.

일곱째, 사회적 상호작용은 사회관계 만족, 사회자본으로서의 신뢰 그리고 소비행위에 직·간접적인 영향을 미친다. 특히 사회관계 만족과 사회자본으로서의 신뢰는 사회적 상호작용과 소비행위의 관계를 매개하는 중요한 변인이다.

이상의 내용을 종합하면, 상업스포츠 서비스제공자인 지도자·직원과 소비자인 운동참가자간의 사회적 상호작용은 사회관계 만족뿐만 아니라, 사회적 자본으로서의 신뢰를 매개하여 운동참가자의 지속적인 소비행위에도 중요한 영향을 미친다. 사회관계 만족과 사회적 자본으로서의 신뢰는 서비스제공자와 소비자간의 사회적 상호작용과 소비자의 소비행위를 연결시켜 주는 중요한 매개변수이다.

2. 제 언

본 연구를 통해 도출한 결과 및 논의를 토대로 본 연구에서는 다음과 같이 후속연구에서 고려해야 할 연구과제를 제시하고자 한다.

첫째, 상업스포츠 소비행위의 사회적 결정요인 분석에 있어 다양한 접근 및 해석이 요구된다. 본 연구에서는 사회적 상호작용이 사회관계 만족과 사회자본으로서의 신뢰에 영향을 주어, 이것이 결과적으로 소비행위 의지와 가능성을 강화시킨다는 가정하에 '사회적 상호작용' 변수를 독립변수로, 사회관계 만족 및 사회자본으로서의 신뢰를 매개변수로, 그리고 '소비행위' 변수를 종속변수로 하여 이들 변수 간의 관계를 분석하였다. 그러나 본 연구에서는 사회적 상호작용에 의한 사회 연결망(social network)이 소비행위에 미치는 영향을 고려하지 못하였다. 후속연구에서는 사회적 상호작용에 의한 사회 연결망이 소비행위에 어떠한 영향을 미치는지에 대해서도 제시되어야 할 것이다. 이는 사회적 상호작용이 활발하고 사회 연결망이 강하게 구축된 집단이 그렇지 못한 집단에 비하여 소비행위 정도가 높을 것이라는 가정에서 비롯된 것이다.

둘째, 사회적 상호작용과 사회관계 만족 그리고 사회자본으로서의 신뢰에 의한 소비행위의 강화 효과를 좀 더 명확하게 분석·규명하기 위해서는 이에 대한 다양한 연구방법이 동원되어야 할 것이다. 후속연구에서는 본 연구에서 적용한 양적(quantitative) 연구는 물론 질적(qualitative) 연구방법을 활용하여 소비행위 현상을 보다 구체적으로 설명해야 할 것이다.

셋째, 사회적 상호작용이 사회관계 만족과 사회자본으로서의 신뢰를 통하여 소비행위에 간접적인 영향을 미치는 것으로 입증되었다. 즉 이는 사회관계 만족과 사회자본으로서의 신뢰가 사회적 상호작용과 소비행위를 연결해 주는 중요한 매개변수임을 의미한다. 그러나 사회관계 만족과 사회자본으로서의 신뢰변수만으로는 여타 다른 매개변수에 비하여 소비행위 현상을 명확하게 설명하고 있다고 볼 수 없다. 따라서 후속연구에서는 이들 변수 이외에 소비행위 현상을 포괄적으로 설명해 줄 수 있는 의미 있는 매개변수를 고려해야 할 것이다.

넷째, 이상과 같은 후속 연구과제의 수행을 통하여 구축된 이론이나 관련 정보는 생활체육활동 현장에 실제적으로 적용되어야 한다. 이는 상업스포츠시설 소비행위의 사회적 결정요인을 분석함으로써, 이를 토대로 생활체육의 진흥을 위한 정책 및 노력이 필요하기 때문이다. 따라서 연구대상 및 활동 유형을 다양화하여 다각적인 측면에서 관련 연구를 수행하고, 그 연구결과를 현장에 적용할 수 있도록 현장 적용력을 갖추어서 구체적이고 세분화된 후속연구를 이루어야 할 것이다.

참고 문헌

강신복 외(2000). 국민생활체육 활동 참여실태조사. 문화관광부.

강운선(1997). 사회적 상호작용이 청소년의 환경친화적 형태에 미치는 효과 -청소년 환경사회화의 이론적 정립을 위한 시론-. 청소년학연구. 제4권 제1호. 25-44.

강윤식(1999). 고객관리에서 고객이 인식한 관계의 질이 재구매의도와 미래 상호작용 기대에 미치는 영향에 관한 연구. 석사학위논문. 한국외국어대학교 대학원.

강호정·이준엽·김경식(2002). 태릉국제스케이트장의 서비스질과 고객만족 및 고객충성도의 관계. 한국체육학회지. 제41권 제3호. 237-246.

공유식·김혁래·박길성·유홍준(1994). 신경제사회학의 이해. 서울: 역사비평사.

구창모(1985). 사회계층에 따른 스포츠 선호도에 관한 연구. 석사학위논문. 서울대학교 대학원.

김경식(1996). 대도시 노인의 생활체육 참여와 여가만족 및 생활만족의 관계. 석사학위논문. 서울대학교 대학원.

김경식(2002). 상업체육 시설의 고객만족 구조모형 분석. 한국스포츠사회학회지. 제15권 제2호. 391-406.

김경식·오정수(2004). 상업스포츠시설 서비스제공자와 소비자간의 관계의 질이 관계몰입 및 운동지속의사에 미치는 영향. 한국체육학회지, 제43권 제6호, 93-104.

김경식(2005). 스포츠과학 연구방법론. 서울: 도서출판 무지개사.

김경식(2005). 상업스포츠시설 서비스제공자의 운동지원과 사회적 자본 및 소비행위의 관계. 한국체육학회지, 44(5), 171-181.

김경식(2006). 상업스포츠시설 소비자의 운동참가지속 구조모델 분석. 한국스포츠사회학회지, 19(2), 219-235.

김동진(1988). 스포츠 태도 형성 요인에 관한 분석. 박사학위논문. 한양대학교 대학원.

김범식·최병호(2002). 상업스포츠센터 이용수준과 지도자이미지의 관계. 한국체육학회지. 제41권 제1호. 125-138.

김상국·임태식(1999). 상업용 스포츠센터의 서비스품질에 따른 소비자만족도. 한국체육학회지. 제38권 제4호. 731-745.

김양종(1998). 스포츠센터 지도자의 직무스트레스와 사회적 지지의 관계. 한국스포츠사회학회지. 제9권. 65-77.

김양종(2002). 개인적 운동상황이 상업체육시설 참가의 지속에 미치는 영향. 한국스포츠사회학회지. 제15권 2호. 289-290.

김왕배·이경용(2002). 사회자본으로서의 신뢰와 조직몰입. 한국사회학. 제36집 3호. 1-23.

김종환·이홍구(1998). 스포츠경영 관리자의 자질과 업무환경에 관한 연구. 한국스포츠사회학회지. 제12권. 217-226.

김홍기(1995). 스포츠센터 참가자의 운동욕구에 관한 연구. 석사학위논문. 서울대학교 대학원.

김홍설(1999). 스포츠팬의 소비자 행동 결정요인에 관한 연구. 박사학위논문. 서울대학교 대학원.

나순복(2002). 스포츠센터 소비자의 가입환경이 구매행동에 미치는 영향. 한국스포츠산업경영학회지. 제5권 제2호. 77-90.

문화관광부(2000). 국민생활체육참여실태조사. 서울: 문화관광부.

문화관광부(2001). 전국 등록·신고 체육시설업 현황. 서울: 문화관광부.

박정은·이성호·채서일(1999). 서비스제공자와 소비자 간의 관계의 질이 만족과 재구매의도 관계에 미치는 조정역할에 관한 탐색적 연구. 마케팅 연구 제13권 제2호. 119-139.

박진경(1994). 스포츠 조직 구성원의 직무스트레스와 조직행동의 관계. 박사학위논문. 서울대학교 대학원.

박진경(2002). 스포츠센터 구성원의 지식지수와 조직유효성의 관계. 한국스포츠사회학회지. 제15권 제1호. 1-14.

박찬웅(1998). 신뢰의 위기와 사회적 자본. 사회비평 봄호. 제19호. 33-64.

서희진(2001). 스포츠 수용자의 소비행동 분석. 박사학위논문. 서울대학교 대학원.

오윤환·장철원·오기현(1998). 스포츠센터의 서비스품질과 고객만족. 한국체육학회지. 제37권 제4호. 564-575.

오일영·김우성(1999). 대도시 상업스포츠센터의 조직문화에 관한 연구. 한국스포츠사회학회지. 제12권. 217-226.

유석춘·장미혜·정병은·배영(2003). 사회자본: 이론과 쟁점. 서울: 도서출판 그린.

윤상구(2001). 서비스제공자와 고객과의 관계가 재구매의도에 미치는 영향 연구. 석사학위논문. 경기대학교 국제대학원.

윤이중(1997). 직장인의 생활체육 참가가 인지된 삶의 질에 미치는 영향. 박사학위논문. 서울대학교 대학원.

윤이중·박영표·서희진(2002). 스포츠센터 고객의 사회인구학적 특성과 서비스만족 및 재이용의사의 관계. 스포츠사회학회지. 제15권 제1호. 163-176.

이남미·이근모(2001). 필드골프장 서비스종업원의 고객지향적 행위가 고객만족과 관계지속성에 미치는 영향. 한국체육학회지. 제40권 제2호. 459-468.

이성철(1996). 노인의 사회체육 활동과 생활만족의 관계. 박사학위논문. 서울대학교 대학원.

이성호·채서일·박정은(1999). 서비스제공자와 소비자 간의 관계의 질이 만족과 재구매의도 관계에 미치는 조정역할에 관한 탐색적 연구. 마케팅연구. 제13권 제2호. 119-131.

이순묵(1990). **공변량 구조분석**. 도서출판: 성원사.

이유재(2000). 고객만족 연구에 관한 종합적 고찰. **소비자학연구**. 제29권 제1·2호. 139~166.

이유재·이준엽(1997). 서비스 품질의 측정과 기대효과에 대한 재고찰: KS-SQI 모형의 개발과 적용. **마케팅연구**. 제16권 제1호. 1-26.

이유재·이준엽(2001). 서비스 품질에 관한 종합적 고찰: 개념 및 측정을 중심으로. **경영논집**. 제31권 제3/4호. 249-283.

이재열(1998). 민주주의, 사회적 자본, 사회적 신뢰. 「계간사상」 여름호.

이종길(1992). **사회체육 참가와 생활만족의 관계**. 박사학위논문. 서울대학교 대학원.

이홍구(1998). **생활체육 참가와 사회연결망의 관계**. 박사학위논문. 서울대학교 대학원.

이효재(1971). **도시인의 친족관계**. 서울: 한국연구원

임번장(2002a). **사회체육개론**. 서울: 서울대출판부.

임번장(2002b). **스포츠사회학개론**. 서울: 동화문화사.

임번장·김경식(2002). 관람스포츠 소비행동 구조모형 분석. **한국스포츠사회학회지**. 제15권 제1호. 31-45.

정영린(1997). **생활체육 참가와 여가만족의 관계**. 박사학위논문. 서울대학교 대학원.

정찬애(1991). **스포츠센터 회원의 지속적 운동 참가에 영향을 미치는 요인**. 석사학위논문. 이화여자대학교 대학원.

조만태·오주훈(2000). 스포츠 참가만족도가 센터회원 지속 여부 결정에 미치는 영향. **한국여가레크리에이션학회지**. 제18권. 115-126.

조선배(1996). LISREL **구조방정식 모델**. 서울: 영지문화사.

조송현(2002). **참여스포츠의 서비스품질과 고객충성도의 관계**. 박사학위논문. 서울대학교 대학원.

채재성(1998). 성인의 스포츠사회화경험과 생활체육 참가의 관계. 박사학위논문. 서울대학교 대학원.

최재석(1982). 현대가족연구. 서울: 일지사.

Adler, P. S., & Kwon, S. W.(2000). Social capital: The good, the bad, and the ugly. In Erick L. Lesser(ed.) *knowledge and social capital: foundation and application*. Butterworkh-Heinemann.

Anderson, E. E., & Claes, F.(1994). *A customer satisfaction research prospectus. In service quality: New directions in theory and practice*. London: Sage.

Angrist, S. S.(1967). Role constellations as a variable in women's leisure activities. *Social Force*, **45**(3), 423-431.

Baron, J., & Hannan, M.(1994). The impact of economics on contemporary sociology. *Journal of Economic Literature*, **32**, 1111-1146.

Bentler, P. M., & Bonett, D. G.(1980). Significance test and goodness of fit in the analysis of Covariance Structures. *Psychological Bulletin*, **88**, 588~606.

Bourdieu, P.(1986). The forms of capital. In J. G. Richardson(ed.) *handbook of theory and research for the sociology of education*. NY: Greenwood.

Bourdieu, P., & Wacquant, L. J. D.(1992). The forms of capital. In J. G. Richardson(Eds.), *Handbook of Theory and Research for the Sociology of Education*. NY: Greenwood.

Brockmann, D.(1969). Sport as an integrating factor in the countryside. *International Review of Sport Sociology*, **4**.

Choi, J. P.(1994). *The influence of service quality on customer satisfaction and repurchase intentions at fitness clubs in South Korea*. Dissertation submitted in Partial Fulfillment of the Requirements for the Degree. The University of New Mexico.

Coakley, J. J.(1998). *Sport in society: Issues and controversies.* New York: McGraw-Hill.

Coleman, J.(1988). Social capital in the creation of human capital. *American Journal of Sociology,* **94,** s94-s121.

Coleman, J.(1990). *Foundations of social theory.* Cambridge: Harvard University Press.

Cowell, D. W.(1984). *The marketing of service.* Heineman: London.

Cronin, J. J., & Taylor, S. A.(1992). Measuring service quality: A reexamination and extension. *Journal of Marketing,* **56**(July), 55-68.

Crosby, L. A.(1989). *Building and maintaining quality in the service relationship.* In Stephen W. Brown and Evert Gummesson(Eds.), Quality in Services, Lexington. MA: Lexington Books.

Crosby, L. A., & Stephens, N.(1987). Effects of relationship marketing on satisfaction, retention, and prices in the life insurance industry. *Journal of Marketing Research,* **24**(November), 404-411.

Crosby, L. A., Kenneth, R. E., & Deborah, C.(1990). Relationship quality in service selling: An interpersonal influence perspective. *Journal of Marketing,* **54**(July), 68-81.

Dodds, W. B.(1991). In search of value: How price and store name information influence buyers product perceptions. *The Journal of Serviced Marketing,* **5,** 27-35.

Dumazedier, J.(1973). *Report to a symposium on sport and age.* In O. Grupe, D. Kurz, & J. M. Teipel(Eds.), Sport in the Modern World-Change and Problems(pp.198-199). New York: Springer-Verlag.

Durkheim, E.(1984). *Review of Georg Simmel, philoshophie des geldes.* L'annee Sociologique.

Fukuyama, F.(1995a). Social capital and the global economy. *Foreign Affairs,* **74**(5).

Fukuyama, F.(1995b). *Trust: The social virtues and the creation of prosperity.* New York: Free Press.

Gambetta, D.(1988). *Can we trust trust? In trust: Making and breaking cooperative relations.* Cambridge: Basic Blackwell.

Ganesan, S.(1994). Determinants of long-term orientation in buyer-seller relationships. *Journal of Marketing,* **58**(April), 1-19.

Garbarino, E., & Johnson, M. S.(1999). The different roles of satisfaction, trust, and commitment in customer relationships. *Journal of Marketing,* **63**(April), 70-87.

Gardner, M. P.(1985). Mood states and consumer behavior: A critical review. *Journal of Consumer Research,* **12**, 20-31.

Gettman, L. R., Pollock, M. L., & Ward, A.(1983). Adherence to unsupervised exercise. *Physician Sports Medicine,* **11**(10), 56-66.

Granovetter, M.(1973). The strength of weak ties. *American Journal of Sociology,* **78**, 1360-1380.

Granovetter, M.(1985). Economic action and social structure: The problem of embeddedness. *American Journal of Sociology,* **91**, 481-510.

Granovetter, M.(1992). *Problems of explanation in economic sociology.* 25-51. In Nitin Nohria and Robert G. Eccles(Eds.), Networks and Organizations: Structure, Form, and Action(pp.25-51).

Gronroos, C.(1983). Strategic management and marketing in the service sector. *MSI,* 2, 83-104.

Hall, M. A.(1973). *Women and physical recreation: A causal analysis.* Paper presented at the Women and Sport Symposium, University of Birmingham, Birmingham, England.

146

Herting, J. R., & Costner, H. L. (1985). *Replication in Multiple Indicator Models*. In H.M. Blalock(Eds.), Causal Models in the Social Science(pp.321~394). Hawthorne, NY: Aldine Publishing.

Homans, G.(1961). *Social behavior: It's elementary forms*. New York: Har Brace Journal.

Jöreskog, K. G., and Sörbom, D. (1988). *LISREL Ⅶ: Analysis of linear structural relationships by the method of maximum likelihood: user's guide*. Mooresville, IN: Scientific Software, Inc.

Kenyon, G. S., & Grogg, T. M.(1970). Contemporary psychology of sport. *Proceedings of the Second International Congress of Sport Psychology*. Chicago, IL: The Athletic Institute.

Kenyon, G. S., & McPherson, B. D.(1973). *Sport culture and society*. Reading, MA: Addison-Wesley.

Lewkcki, R. J., & McAllister, D. J.(1998). Trust and distrust: New relationships and realities. *Academy of Management Review, 23*, 3, 438-458.

Lin, N.(2001). *Social capital: A theory of social structure and action*. Cambridge University Press.

Lopata, L.(1968). The structure of time and the share of physical education in the case of industrial workers and cooperative farmers in the C.S.S.R. *International Review of Sport Sociology, 3*, 17-37.

Loy, J. W., McPherson, B. D., & Kenyon, G. S.(1978). *Sport and social system*. Reading, MA: Addison-Wesley.

McIntosh, P.(1979). *Fair play: Ethics in sport and physical education*. London: Heinemann.

McPherson, B. D.(1972). *Socialization into the role of sport consumer: The construction and testing of a theory and causal model.*

Doctoral dissertation, University of Wisconsin, WI.

Mitchell, J., & Trickett, E.(1980). Task force report: Social networks as Mediators of social support. *Community Mental Health Journal*, **16**, 27-42.

Mittal, B., Lassar, W. M.(1996). The role of personalization in service encounters. *Journal of Retailing*, **72**(1), 95-109.

Moorman, C., Zaltman, G., & Deshpande, R.(1992). Relationships between providers and users of market research: The dynamics of trust within and between organizations. *Journal of Marketing*, **29**(August), 314-328.

Neulinger, J.(1974). *The psychology of leisure*. Springfield, IL: Charles C. Thomas.

Nixon Ⅱ, H. L., & Frey, J. H.(1976). *A sociology of sport*. California: Wadsworth.

Oliver, R. L.(1981). Measurement and education of satisfaction process in retailing setting. *Journal of Retailing*, **57**(3), 25-48.

Parasuraman, A., Zeithaml, Z., & Berry, L.(1988). SERVQUAL: A multiple-item scale for measuring consumer perceptions of service quality. *Journal of Retailing*, **64**(spring), 12-40

Patterson, P. G., & Johnson, L. W.(1993). Modeling the determinants of customer satisfaction for business-to-business professional services. *Journal of the Academy of Marketing Science*, **25**(1), 4-17.

Pennings, J. M., Lee, K., & Witteloostuijn, A. V.(1998). Human capital, social capital, and firm dissolution. *Academy of Management Journal*, **41**(4), 425-440.

Polanyi, K.(1957). *The great transformation*. Boston: Beacon Press.

Portes, A.(1998). Social capital: Its origins and application in modern

148

sociology. *Annual Review of Sociology, 22,* 1-24.

Portes, A.(1998). Social capital: Its origins and applications in modern sociology. *Annual Review of Sociology, 22,* 1-24.

Putnam, R. D.(1993). *Making democracy work: Civic traditions in modern* Italy. Princeton: Princeton University Press.

Putnam, R. D.(1993a). *Making democracy work: Civic traditions in modern Italy.* Princeton: Princeton University Press.

Putnam, R. D.(1993b). The prosperous community: Social capital and public life. *American Prospects, 4*(13), 35-42.

Ragheb, M. G., & Beard, J. G.(1980). Measuring leisure satisfaction. *Journal of Leisure Research, 12*(1), 20-33.

Riiskjar, S.(1984). Participation in different forms of sport among the adult population: Toward new participation structures in sport. *Paper presented at the Olympic Scientific Congress, Eugene, OR.*

Rijsdorp, K.(1960). *Sports als john-menseliijke activiteit [Sport as activity of youth].* Groningen, Netherlands: Wolters.

Robinson, J. P.(1977). *How Americans use time: A social-psychological analysis of everyday behavior.* New York: Praeger.

Rousseau, S. B., & Sitkin, R. S.(1998). Not so different after all: A cross-discipline view of trust. *Academy of Management Review, 23*(3), 393-404.

Sandefur, R., & Laumann, E. O.(1998). A paradigm for social capital. *Rationality and Society, 10,* 481-501.

Smith, C., & Freedman, A.(1972). *Voluntary association: Perspectives on literature.* Cambridge, MA: Harvard University Press.

Smith, D. H., & Theberge, N.(1987). *Why people recreate: An overview of research.* Champaign, IL: Life Enhancement Publications.

Snyder, E. E., & Spreitzer, E. A.(1974). Orientations toward work and leisure as predictors of sport involvement. *Research Quarterly*, **45**(4), 398-406.

Solomon, M. R., & Czeipiel, J. A.(1985). A role predictability and personalization in the service encounter. *Journal of Marketing*, **51**, 86-96.

Spreizer, E., & Snyder, E. E.(1976). Socialization into sport: An exploratory path analysis. *Research Quarterly*, **47**, 238-245.

Stone, G. P.(1957). Some meanings of American sport. *Proceedings of the 60th annual meeting of the College Physical Education Association*(pp.5-16). Columbus, OH.

Swan, J. E., Trawick, I. F., & Silva, D. W.(1985). How industrial salespeople gain customer trust. *Industrial Marketing Management*, **14**(3) 203-211.

Tax, S. S.(1998). Customer evaluations of service complaint experiences: Implications for relationship marketing. *Journal of Marketing*, **62**(April), 60-76.

Taylor, S. A., & Baker, T. L.(1994). An assessment of the relationship between service quality and customer satisfaction in the formation of consumers' purchase intentions. *Journal of Retailing*, **70**(2), 60-68.

Thibaut, J. W., & Kelly, H. H.(1959). *The social psychology of groups*. *NY*: John Wiley & Sons. Inc.

Tsai, W., & Ghoshal, S.(1998). Social capital and value creation: The role of intrafirm network. *Academy of Management Journal*, **41**(4), 464-478.

Walker, G., Kogut, B., & Shan, W.(1997). Social capital, structural holes, and the formation of an industry network. *Organization*

Science, 8(2), 109-125.

Webster, F. E.(1988). Rediscovering the marketing concept. *Business Horizons, 31*(May-June), 29-39.

Weyle-Willett(1977). *Juits en Alsace: culture, social histoire/*F. Raphae & R. Weyle: Pro de Bernard Blumen Kranz: Postface de Jacques Schwartz.

Wheaton, B. D., Muthen, D. A. & Summers, G. (1977). "*Assessing Reliability and Stability in Panel Models*", In D. Heise(Eds.), *Sociological Methodology.* Sanfrancisco: Jossey-Bass.

Wippler, R.(1968). *Social determinaten het vrijetijdsgedrag[Social determinants of leisure behavior].* Groningen, Netherlands: Van Gorcum.

Wohl, A.(1969). Engagement in sports activity on the part of workers of large industrial establishments in People's Poland. *International Review of Sport Sociology, 4,* 83-127.

Wohl, A., & Pudelkiewicz, E.(1972). Theoretical and methodological assumptions of research on the processes of involvement in sport socialization. *International Review for the Sociology of Sport, 7,* 69-87.

Woodside, A. G., Frey, L. L., & Daly, R. T.(1989). Linking service quality, customer satisfaction, and behavioral intentions. *Journal of Health Care Marketing, 9,* 32-46.

Zeithaml, V. A.(1981). How consumer evaluation processes differ between goods and services. In J. H. Donnelly and W. R. George(Eds.), *Marketing of Services*(pp.186-190). Chicago: American Marketing Association, 186-190.

설 문 지

상업스포츠센터 회원의 운동 참가 실태에 관한 조사

안녕하십니까?

먼저 스포츠를 사랑하는 귀하께 진심으로 감사의 말씀을 드립니다.

본 설문지는 귀하의 스포츠활동 참가와 관련된 여러 가지 상황요인에 대하여 어떻게 생각하고 계신지 알아보고자 하는 것입니다. 귀하께서 응답하신 내용은 **통계법 제8조 및 제9조의 규정에 의하여 통계목적 이외에는 절대로 사용되지 않으며, 개인에 대한 사항은 절대 비밀이 보장됩니다.**

저희가 묻는 질문에는 맞고 틀리는 것이 없으니, 여러분의 개인적인 생각을 솔직하게 대답하여 주시는 것이 무엇보다 중요합니다.

바쁘시더라도 잠시만 시간을 내어 협조해 주시면 감사하겠습니다.

대단히 감사합니다.

호서대학교 체육과학부
연구자 김경식

전화: 017-256-5372, Email: kskimm7@naver.com

□□ 다음 질문은 귀하께서 접촉하셨던 스포츠센터 지도자와의 관계를 알아보기 위한 것입니다. 귀하께서 동의하는 정도를 해당란에 √ 표를 해 주시기 바랍니다.

	매 우 그렇다	대체로 그렇다	그 저 그렇다	대체로 그렇지 않 다	전 혀 그렇지 않 다
1. 나는 운동 관련 도움이 필요할 때 운동지도자·직원에게 도움을 요청한다.	①	②	③	④	⑤
2. 나는 운동하면서 느낀 점을 운동지도자·직원에게 이야기한다.	①	②	③	④	⑤
3. 나는 나의 운동목표와 희망까지도 운동지도자·직원에게 이야기한다.	①	②	③	④	⑤
4. 나는 나의 운동 시작배경과 운동생활에 대해 운동지도자·직원에게 이야기한다.	①	②	③	④	⑤
5. 나는 운동지도자·직원에게 운동 관련 업무를 자주 묻는다.	①	②	③	④	⑤
6. 나는 운동지도자, 직원, 다른 회원들과 친분을 유지하려고 노력한다.	①	②	③	④	⑤
7. 나는 운동지도자·직원이 제공한 서비스 만족 정도를 운동지도자에게 이야기한다.	①	②	③	④	⑤
8. 나는 나의 운동 관련 실수를 운동지도자·직원에게 이야기한다.	①	②	③	④	⑤
9. 운동지도자·직원은 나의 운동생활에 관심이 많은 편이다.	①	②	③	④	⑤
10. 운동지도자·직원은 운동방법 및 지식을 내게 자주 이야기한다.	①	②	③	④	⑤
11. 운동지도자·직원은 내가 운동하러 갈 때마다 운동에 대해 자주 대화한다.	①	②	③	④	⑤
12. 운동지도자·직원은 자신이 제공한 운동 관련 서비스에 대해 내가 만족하고 있는지 자주 확인한다.	①	②	③	④	⑤
13. 운동지도자·직원은 자신의 업무와 관련하여 나와 자주 대화한다.	①	②	③	④	⑤

	매 우 그렇다	대체로 그렇다	그 저 그렇다	대체로 그렇지 않 다	전 혀 그렇지 않 다
14. 운동지도자·직원은 예전에 했던 지도 업무상의 실수를 내게 이야기한다.	①	②	③	④	⑤
15. 운동지도자·직원은 자신의 운동목표와 희망까지도 나에게 이야기한다.	①	②	③	④	⑤
16. 운동지도자·직원은 스포츠센터 업무시간 이외에도 운동 관련 서비스를 한다.	①	②	③	④	⑤
17. 운동지도자·직원은 자신의 운동 시작배경과 지도자 생활에 대해 내게 이야기한다.	①	②	③	④	⑤
18. 운동지도자·직원은 내가 운동하러 가지 않으면 연락하여 운동하러 오도록 권유한다.	①	②	③	④	⑤
19. 운동지도자·직원은 내게 운동용품을 빌려준다.	①	②	③	④	⑤
20. 운동지도자·직원은 내가 다른 회원들과 친분을 맺도록 도움을 준다.	①	②	③	④	⑤
21. 운동지도자·직원은 내게 운동 관련 정보를 제공해 준다.	①	②	③	④	⑤
22. 운동지도자·직원은 내가 운동을 배우면서 어려움이 있을 때 정신적 위안을 준다.	①	②	③	④	⑤
23. 운동지도자·직원은 내게 감사편지, 생일카드, 선물 등을 제공한다.	①	②	③	④	⑤

□□ 다음 질문은 이 스포츠센터에 대한 귀하의 신뢰 정도를 알아보기 위한 것입니다. 귀하께서 동의하는 정도를 해당란에 √표를 해 주시기 바랍니다.

	매 우 그렇다	대체로 그렇다	그 저 그렇다	대체로 그렇지 않 다	전 혀 그렇지 않 다
1. 이 스포츠센터는 지역사회에서 평판이 좋다.	①	②	③	④	⑤
2. 이 스포츠센터는 전반적으로 믿을 만하다.	①	②	③	④	⑤
3. 이 스포츠센터의 지도자·직원이 제공하는 운동관련 서비스는 신뢰할 만하다.	①	②	③	④	⑤

□□ 다음 질문은 귀하의 만족 정도를 알아보기 위한 것입니다. 귀하께서 동의하는 정도를 해당란에 √표를 해 주시기 바랍니다.

	매 우 그렇다	대체로 그렇다	그 저 그렇다	대체로 그렇지 않 다	전 혀 그렇지 않 다
1. 나는 이 스포츠센터의 지도자와의 관계에 만족한다.	①	②	③	④	⑤
2. 나는 이 스포츠센터 지도자의 지도방법에 만족한다.	①	②	③	④	⑤
3. 나는 이 스포츠센터의 직원과의 관계에 만족한다.	①	②	③	④	⑤
4. 나는 이 스포츠센터에서 폭넓은 대인관계를 맺게 되어 만족한다.	①	②	③	④	⑤
5. 나는 이 스포츠센터에 대해 전반적으로 만족한다.	①	②	③	④	⑤

□□ 다음 질문은 운동 참가와 관련하여 앞으로의 계획을 알아보기 위한 것입니다. 귀하께서 동의하는 정도를 해당란에 √표를 해 주시기 바랍니다.

	매 우 그렇다	대체로 그렇다	그 저 그렇다	대체로 그렇지 않 다	전 혀 그렇지 않 다
1. 나는 이 스포츠센터에 재등록하여 운동을 계속할 가능성이 있다.	①	②	③	④	⑤
2. 나는 이 스포츠센터에 재등록하여 운동을 계속하고 싶다.	①	②	③	④	⑤

□□ 다음 질문은 귀하의 개인적인 배경을 알아보기 위한 것입니다. 각 문항을 주의 깊게 읽으신 후 내용을 직접 써 넣거나, 'O' 표나 'V' 표를 해 주시기 바랍니다.

문 1. 귀하의 성별은?　　　　_____ ① 남　　　　_____② 여

문 2. 귀하의 연령은?　　　　(만 _________ 세)

문 3. 귀하께서는 현재 결혼을 하셨습니까(동거 포함)?

　　　　_____① 예　　　　_____② 아니오

문 4. 귀하의 교육수준은?

　　　　① 무학　　② 초등학교 졸　　③ 중졸　　④ 고졸
　　　　⑤ 대졸　　⑥ 대학원 이상

문 **5**. 귀하의 직업은?

① 농림·어업   ⑦ 전문·자유직
② 자영업   ⑧ 가정주부
③ 판매·서비스직   ⑨ 학생
④ 기술·숙련공   ⑩ 무직
⑤ 사무·기술직   ⑪ 기타(적어 주십시오:)
⑥ 경영·관리직

문 6. 귀하의 월 평균 가계수입은? (약: 만 원 정도)

· 저자 ·

김 경 식
(金京植)

· 약 력 ·

경기대학교 사회체육학과 졸업
서울대학교 체육교육과 석사
서울대학교 체육교육과 박사

사단법인 한국체육학회 간사
한국학술진흥재단 박사후연수
서울대. 경기대. 경원대. 강남대. 수원대 시간강사
서울대학교 스포츠과학연구소 선임연구원
현) 호서대학교 사회체육학과 교수
　　한국스포츠사회학회 이사
　　대한체력관리학회 기획이사

· 주요논저 ·

「상업스포츠시설 소비자의 운동참가지속 구조모델 분석」
「2002 월드컵을 통한 태극기의 상징성 변화: 문화적 일상
　화 및 정치적 탈권위화」
『스포츠과학 연구방법론』
『체력육성을 위한 트레이닝 방법론』
『체력육성을 위한 퍼펙트 웨이트트레이닝』
외 다수

상업스포츠 참가자의 소비행위: 스포츠경제사회학적 관점

· 초판인쇄	2006년 2월 28일
· 개 정 판	2007년 3월 28일
· 지 은 이	김경식
· 펴 낸 이	채종준
· 펴 낸 곳	한국학술정보㈜
	경기도 파주시 교하읍 문발리 526-2
	파주출판문화정보산업단지
	전화 031) 908-3181(대표) · 팩스 031) 908-3189
	홈페이지 http://www.kstudy.com
	e-mail(출판사업부) publish@kstudy.com
· 등 록	제일산-115호(2000. 6. 19)
· 가 격	10,000원

ISBN　89-534-4712-7 93320　(Paper Book)
　　　　89-534-4713-5 98320　(e-Book)